Cómo salvar tu MATRIMONIO antes de casarte

Paolo y Karen Lacota

CÓMO SALVAR TU MATRIMONIO ANTES DE CASARTE
e625 - 2017
Dallas, Texas
e625 ©2017 por Paolo y Karen Lacota

Todas las citas Bíblicas son de la Nueva Biblia Viva (NBV) a menos que se indique lo contrario.

Editado por: **María Gallardo**
Diseño Interior: **JuanShimabukuroDesign**

ISBN: 978-0-9983051-8-9

IMPRESO EN ESTADOS UNIDOS

Contenido

Prologo

El romance tiene un romance y es que está enamorado de los sentimientos. La razón por la que muchas parejas se casan es que sienten ganas de hacerlo y la razón por la que algunos matrimonios se divorcian es que ya no sienten lo mismo que antes. Sentir parece ser la causa al igual que el problema y por eso no puede ser la base del éxito de una decisión tan importante como casarse. Esa decisión necesita planificación, investigación y la humildad de aprender de las experiencias de otros; y de eso se trata este libro.

Paolo y Karen tienen un matrimonio extraordinario. Son un equipo y una unidad. Los he visto trabajar de manera independiente y los he visto también dependiendo el uno del otro para apoyarse y decidir lo que era mejor ante algún desafío.

Resalto tanto la independencia como la dependencia porque no todos los matrimonios pueden manejar correctamente ambos escenarios. Algunos matrimonios son de vidas paralelas que comparten un mismo techo pero que no tienen aspiraciones conjuntas y otros, son de una sola vida en la que alguno dejó su propia identidad para convertirse en un apéndice del otro. En ambos extremos hay dolor y vergüenza y esos matrimonios hoy ya no suelen durar. Por eso, el ejemplo de Paolo y Karen me parece tan balanceado. Ellos conocen el secreto de la interdependencia y de eso es que hablan en este material.

Las investigaciones más recientes acerca de la actividad del cerebro no solo aportan mucha luz respecto al comportamiento de nuestras mentes sino a cómo funcionan nuestras emociones. Las conexiones químicas que hay entre ellas y nuestra actividad neuronal son fascinantes. Un dialogo íntimo entre dos personas que tienen un compromiso mutuo libera endorfinas que nos bañan de una sensación de bienestar y seguridad. La actividad sexual libera oxitocina y esta confirma la afinidad en la pareja y estrecha el vínculo social. Ambas, manifestaciones que a gritos enseñan la vitalidad del plan de Dios para la relación matrimonial. Una relación diseñada para el compromiso, el placer y la seguridad, no solo de la pareja sino de sus descendientes y que el diablo quiere romper y arruinar porque sabe lo peligroso que es para su causa que un matrimonio funcione.

¡Gracias Karen y Paolo por este libro tan importante! Será una gran ayuda para aquellos que están considerando casarse y quieren hacerlo con sabiduría.

Dr. Lucas Leys
Autor. Fundador de e625.com

Introducción

Un Viaje para TODA la VIDA

Nadie inicia un edificio sin un proyecto claro de construcción, o al menos no debería hacerlo. Los pasos a seguir se deben anticipar. Se comienza con cimientos firmes y de esta manera se evitan derrumbes y accidentes que de otro modo pueden aparecer muchos años después. Así también, en el tema de formar un hogar es fundamental contar con un proyecto de vida a corto, mediano y largo plazo.

Muchas parejas planifican con entusiasmo, pero solo hasta el momento de la boda o la luna de miel, ignorando que la gran aventura se encuentra más adelante. Al igual que el fundamento es vital para que una casa sea segura, la decisión de formar una familia debe fundamentarse en principios que gobiernen todo. Creencias, valores compartidos, y aún estrategias que garanticen la construcción de un matrimonio sólido.

Una buena enseñanza al respecto la obtenemos del árbol de bambú chino. En esta especie, una vez enterrada la semilla, durante cuatro años no se ve absolutamente nada. Hay un pequeño bulbo abriéndose camino debajo de la superficie ya que durante estos primeros años todo el crecimiento se lleva a cabo bajo la tierra, extendiendo el bambú sus grandes y fibrosas raíces hacia lo ancho y hacia lo profundo. Entonces, en su quinto año de vida, ¡el árbol de bambú chino sorprende con un crecimiento de hasta 25 metros de altura!

El construir una familia requiere la fuerza y la paciencia del bambú chino. Ambos cónyuges deben trabajar juntos e invertir tiempo, habilidades y recursos para contribuir al crecimiento de la relación. Esto puede significar que pasen semanas, meses o años sin ver grandes resultados. Lo importante es entender que todo lo que es verdaderamente fuerte tiene raíces profundas que se formaron precisamente para poder sostener luego un crecimiento significativo.

Si forjan raíces profundas para su matrimonio, entonces los vientos que podrían soplar (dificultades económicas, enfermedades, o influencias externas sobre las cuales no se tiene control), y el raudal que podría amenazar con llevar todo a su paso (enojo, frustración, críticas) no tendrán el impacto suficiente como para desenraizar aquello que se alimentó con persistencia, constancia, paciencia y fe a lo largo del tiempo.

Ustedes han empezado a transitar juntos un camino en el cual han cambiado el "yo" por el "nosotros", el "mío" por el "nuestro", y la comodidad personal por el bienestar de la persona amada. El gran desafío que enfrentan en una cultura individualista como la de hoy en día, en la que muchos matrimonios funcionan en realidad como dos solteros viviendo juntos, es construir una relación de interdependencia y de colaboración mutua. De ahí la importancia de identificar a los enemigos latentes dentro y fuera de la relación, a fin a garantizar que los vínculos afectivos se nutran y se instale la mentalidad de equipo.

Nuestro deseo al escribir este libro es que, antes de llegar al matrimonio, puedan corregir, ajustar o cambiar determinadas cuestiones que poseen tanta fuerza como para construir o destruir su vida juntos.

Todos luchamos con un legado que nos precede. Todos tenemos una historia personal que moldeó nuestra identidad y le imprimió valores a nuestra construcción de ideales y esto irá trazando nuestro camino hacia el futuro, a menos que deliberadamente lo revisemos.

En las próximas páginas encontrarán ideas, consejos y experiencias que confrontarán a cada uno con sus puntos fuertes y débiles. Con actitudes ante las situaciones conflictivas y con el manejo de sus emociones. Con su manera de relacionarse con otros, y con los valores que rigen sus pensamientos y su filosofía personal.

Después de todo, delante suyo hay un gran lienzo en blanco, y ustedes tienen la oportunidad de idear, de pintar y de disfrutar esa gran obra de arte hecha por ambos: una vida familiar que trascienda las circunstancias y el tiempo. Entonces, aun cuando ya no estén en la Tierra, seguirán tocando vidas con su legado. Porque su influencia no terminará en ustedes, sino que afectará a toda su descendencia por varias generaciones...

¿Están destinados ustedes a repetir la historia de sus padres o podrán trazar su propio destino? ¿Hasta qué punto los lineamientos que los forjaron siendo hijos determinarán sus decisiones en el futuro, como esposos y padres? Hay cuestiones que forman parte de nuestra vida, que no hemos elegido y no podemos cambiar. Son aquellas que forman parte del pasado y que han dado forma a nuestra historia personal. Hemos atravesado experiencias de todo tipo, y cada uno de nosotros tiene su propia historia de niñez y adolescencia. Seguramente vivimos muchos momentos de alegría, pero también situaciones que nos lastimaron, nos marcaron y dejaron en nosotros una huella que parece imborrable.

La forma en que fuimos criados por nuestras familias, el ambiente que nos rodeó, las personas con quienes nos relacionamos, las oportunidades o restricciones, el abandono emocional, espiritual o físico, o el acompañamiento apropiado e ideal que tuvimos, todo esto ha propiciado un determinado nivel de desarrollo de nuestras habilidades cognitivas, creativas, emocionales y espirituales. Consciente o inconscientemente, nuestra forma de ver las cosas fue moldeada durante esos años, levantando estructuras de pensamiento o paradigmas que responden a una determinada filosofía de vida.

El desafío que tienen ustedes ahora es determinar aquellas cosas del pasado que son buenas, para incorporarlas dentro de su vida juntos, y descubrir aquellas cosas que podrían resquebrajar el nuevo hogar que construirán, para reemplazarlas por principios sólidos y eternos.

Por eso es justamente en este punto de sus vidas en el que queremos ayudarles y darles herramientas para que puedan escribir mejor las nuevas páginas de la historia que están empezando a escribir, y para que puedan alcanzar juntos aquello que alguna vez pensaron que sería imposible. ¡Buscaremos brindarles algunas coordenadas que los ayuden a salvar su matrimonio antes de casarse!

Desde la experiencia que hemos acumulado en nuestro tiempo de amigos, luego de novios, y en estos casi 20 años de casados, queremos dejarles un punto de partida, un grupo de notas, algunos apuntes de viaje sobre los cuales puedan basarse al emprender uno de los viajes más emocionantes y transformadores de la vida: el matrimonio.

Con la ayuda de este libro podrán analizar juntos preguntas como estas:

♦ ¿Qué clase de esposos deseamos ser?

♦ ¿Cómo será nuestro trato el uno con el otro?

♦ ¿Cómo manejaremos las situaciones de estrés y los conflictos?

♦ ¿Cómo resolveremos nuestras diferencias?

♦ ¿Cómo manejaremos nuestras finanzas?

♦ ¿Qué clase de padres queremos ser?

♦ ¿Qué principios regirán nuestro hogar?

♦ ¿Cuáles serán nuestros roles (administración financiera, de la casa, etc.)?

♦ ¿Cómo nos relacionaremos con cada una de nuestras familias extendidas?

♦ ¿Qué tradiciones traeremos con nosotros de las familias en las cuales fuimos educados?

♦ ¿Qué tradiciones nuevas queremos crear?

♦ ¿Con qué rasgos o tendencias intergeneracionales estamos conformes y con cuáles no?

♦ ¿Cómo haremos los cambios que deseamos hacer?

En este libro no encontrarán una fórmula perfecta o un talle único que sirva para todos. Más bien compartiremos con ustedes principios y anécdotas que les servirán como guía para evaluar las decisiones que les toque.

Sea cual sea la historia personal de cada uno, el primer día del resto de sus vidas es hoy.

Capítulo 1

Conectando ORIGEN y DESTINO

¿Qué sentido tendría emprender un vuelo si no sabes a dónde quieres ir? Algo similar ocurre si piensas en casarte y no defines previamente junto a tu pareja a dónde quieren llegar... El matrimonio es un viaje para toda la vida y aun quienes se divorcian quedan conectados a la otra persona por el resto de sus vidas.

Descubran su propósito

Tú tienes que saber cuál es tu propósito en la vida, y tu pareja tiene que saber cuál es su propósito en la vida, aun antes de hacer planes juntos. El Salmo 139 dice que Dios tiene un libro donde han sido escritos cada uno de tus días, sin faltar uno solo de ellos. Eso quiere decir que Dios tiene planes para tu vida, ¡pero es tu responsabilidad ir descubriéndolos en cada etapa!

Alguien dijo alguna vez que en la vida hay tres fechas importantes: cuando naces, cuando naces de nuevo, y cuando descubres para qué naciste. Por eso es importante que descubras tu propósito, tu destino, incluso antes de comprometerte.

También alguna vez se dijo que las dos decisiones más importantes en la vida de una persona son cuando decide aceptar a Jesús en su corazón, y cuando decide con quién se casará. Si tienes claro hacia a dónde te diriges en este viaje de la vida, sabrás a quién necesitas a tu lado para llegar a hacer realidad esos sueños. Cuando estás en el camino correcto, y con la actitud correcta, puedes encontrarte con alguien que también ha escogido las mismas coordenadas.

Tal vez ya iniciaste tu viaje hacia aquello que Dios soñó para ti, y conociste en una escala técnica a otra persona que escogió el mismo destino. Tal vez estés recién comenzando tu viaje y ya encontraste quién te acompañará. De una u otra manera es importantísimo que antes de emprender este vuelo juntos puedas hacer un chequeo y revisar esta pregunta:

¿Qué clase de equipaje estoy trayendo al matrimonio?

Mientras más conozcas sobre ti mismo y sobre tu novio/a, más fácil será convertirte en uno con tu pareja en el matrimonio. A veces es increíble descubrir que muchas parejas no se han tomado el tiempo antes de casarse para compartir sus historias personales, sus expectativas, sus esperanzas, sus sueños, sus metas, o incluso su llamado en la vida.

Tu historia personal es esencial para trazar las coordenadas de recorrido. Tu prometido/a necesita conocerte. Recuerda que hasta aquí eres el resultado de tus experiencias pasadas. Lamentablemente, a veces son justamente aquellas cosas que no compartieron las que potencialmente podrían enfermar al matrimonio o incluso llevarlos a fracasar. Lo más importante en esta etapa de la relación es que puedan conversar sobre distintos temas y conocerse, disfrutando de este tiempo de amistad sincera y de preparación para la nueva etapa que vivirán juntos. El tiempo previo al compromiso oficial para el matrimonio es el momento de hablar y solidificar la confianza y aceptación entre ambos.

Es precisamente en este marco de gracia y planificación conjunta donde pueden evaluar aquellas cuestiones incómodas pero que necesitan ser resueltas. ¿Qué te ha causado dolor? ¿Cómo reaccionas cuando te molesta algo o cuando te enojas? ¿Sientes que a veces pierdes el control de tus reacciones? ¿Qué hay del abuso físico o sexual? ¿Luchas con la depresión? ¿Tienes alguna adicción? ¿Tienes algún desorden alimenticio? ¿Tienes algún vínculo con alguna otra persona fuera de esta relación de la que no hayas podido desligarte totalmente?

Si atravesaste algunas de estas cosas, ¿lo sabe tu prometido/a? ¡Porque necesita saberlo ahora, no después! Los expertos en relaciones prematrimoniales afirman que dos de las áreas que menos se comparten son el historial sexual y el historial financiero. ¡Cuántos sufrimientos se ahorrarían los matrimonios si conversaran sobre todas estas cosas antes de comprometerse!

"Sin sorpresas" es el mejor y más auténtico modelo para cimentar una relación sana y madura. Una vez que hayan avanzado en la comunicación y en el conocimiento mutuo, cuando ya no queden cabos sueltos ni cuentas pendientes con el pasado, entonces es el momento de dejar todo atrás y empezar a mirar juntos hacia el futuro.

Una aclaración importante: ustedes necesitan comprometerse a que jamás usarán en contra del otro la información que recibieron en estas conversaciones sobre la historia personal y familiar de cada uno. Muchos matrimonios, en cada discusión ofuscada sacan a relucir todo el bagaje de información que habían compartido antes, utilizándola para acusar al otro.

Otras parejas se han quedado por el camino, y no han sabido cómo procesar estos tiempos de diálogo. El no haber podido digerir correctamente toda esa información los condujo a temores, conflictos, acusaciones y en algunos casos incluso a terminar con la relación al no poder lidiar con el pasado de su pareja. Si notan que necesitan ayuda de algún líder o adulto que los acompañe, por supuesto, no duden un segundo en buscar orientación. Recuerden: ¡no pueden dejar que sus ayeres definan sus mañanas!

La amistad, el diálogo, la humildad, la sinceridad y el romanticismo siempre serán los mejores ingredientes para avanzar hacia la madurez en la relación. Nos permitirán descubrir aquellas cosas significativas de la vida, nos acercarán a nuestro propósito y fortalecerán nuestro compromiso. Pero también es vital que encuentres a alguien que conozca a Dios, que haya experimentado su amor y que anhele poner en práctica todo lo que ha aprendido de Él. Esto es importante no solo en la etapa inicial de la relación, sino que es preciso que se mantenga en crecimiento a lo largo de los años. Conocemos cientos de jóvenes que pusieron a Dios como el eje de toda la relación al comienzo, pero conforme fue pasando el tiempo se fueron aislando, dejaron a Dios de lado, y pronto las tristes consecuencias comenzaron a notarse...

n es conveniente que para ir avanzando puedas entender me-tapa que estás viviendo. Sixto Porras, Director de Enfoque a la familia, en su libro "Amor, sexo y noviazgo" comenta: *"El noviazgo saludable es aquel en el que ambos miembros de la pareja asumen un compromiso. El objetivo no es 'pasar el rato' o apaciguar la sed de besos y caricias. El noviazgo es más que una aventura. Es una relación fundamentada en la responsabilidad, y en la que las pautas de interacción han sido definidas y se respetan".*

Por su parte, nuestros queridos amigos German y Daniela Ortiz, en su libro "El amor de mi vida", dicen lo siguiente:

"Novios es todo un nombre para una etapa que pretende ser la última autopista que te lleva a una relación más plena, íntima y profunda. Novios es el nombre para ese tiempo que no te obliga a casarte pero que sí requiere tener el matrimonio en mente. Es un tiempo que no debería ser muy breve ni muy prolongado, una etapa que debe servirles para besarse y acariciarse y también para charlar cosas realmente importantes que definen a la pareja que están formando".

¡Estamos totalmente de acuerdo con esas palabras! Durante este tiempo es crucial abordar temas importantes. ¿Cuáles son sus sue-ños? ¿Qué metas tienen con sus estudios? ¿Qué esperan conseguir en la vida? ¿Cómo se ven en cinco años? ¿Dónde les gustaría verse en los próximos diez años? ¿Les gustan los niños? ¿Qué piensan de la familia? ¿Cómo les gustaría que sea su futura familia? ¿Comparten la misma fe? ¿Les gustaría servir a Dios cuando se casen? ¿Cómo defini-ría cada uno de ustedes "alcanzar el éxito"?

Estos son temas que no se pueden postergar, ni tampoco restarles importancia. A veces se da el caso de relaciones que avanzan, corren los meses, llegan inclusive a años de noviazgo, y su relación es cada vez más profunda en lo físico, con besos, caricias y más, ¡pero nunca se han sentado a conversar sobre lo medular de la relación! Para peor, ya el noviazgo se hizo público, los familiares y amigos están involu-crados, y todo avanza vertiginosamente sin casi darles tiempo para dialogar y cimentar la relación en una comunicación madura. ¡Esto solamente puede traer problemas y dolor al matrimonio!

Hay incluso casos peores, en los que los novios insisten en mantener la relación aun cuando van descubriendo que no funciona. Simplemente no quieren terminarla por la presión que sienten, pensando lo que dirán todos los demás, por no lastimar a su pareja, porque las familias están muy involucradas entre sí, o porque tienen lazos que los atan, tales como un negocio juntos, relaciones sexuales, cuestiones emocionales u otras actividades que realizan juntos... De ahí la importancia de tomarse tiempo para compartir sobre lo que aquí llamamos "origen y destino", sus historias personales y lo que sueñan para el porvenir.

Es justamente en estas conversaciones donde podrás descubrir qué tanto tu pareja tiene en cuenta a Dios en su vida, y cuánto valora tus decisiones y tus emociones. Es aquí donde podrás notar si respeta tus gustos y tus convicciones. Es en esta fase de la relación donde descubrirás si respeta tu propósito en la vida y tus ideales, y qué tan dispuesto está a acompañarte en tus proyectos y sueños.

Antes de que la mayor parte del tiempo de sus encuentros se esfume entre besos prolongados, abrazos, caricias, y más besos, y más abrazos... ¡dialoguen! Escuchen al otro, y compartan con el otro. Busquen lugares que no sean privados, donde puedan sentarse y conversar. Puede ser una café, un parque donde haya otras personas alrededor, el patio de la universidad o de la iglesia, o algún lugar similar en el que puedan dialogar tranquilos sobre sus vidas. Sobre el pasado, sobre el presente, y sobre el futuro.

Establezcan las bases de su compromiso

"Escuchen, pongan atención, porque voy a contarles un secreto de la vida. ¿Listos?: Todo siempre se trata de decisiones. Pequeñas decisiones aparentemente insignificantes que señalan el camino para grandes decisiones que cambian la vida. Verán, cada sendero que toman lleva a otra elección, y algunas elecciones pueden cambiar todo. Cada momento del resto de tu vida depende de ello..."

Travis Shaw [1]

---

1   Extraído de la película "En nombre del amor", basada en la novela "The Choice", de Nicholas Sparks.

La vida es así. Es una secuencia de decisiones. Causa y efecto. La ley de la siembra y la cosecha funciona en todos los ámbitos de la vida: sembramos, regamos, cuidamos y *luego de un tiempo* cosechamos. ¡No es posible sembrar hoy y recoger mañana! ¿Por qué? Simple y sencillamente porque no hubo un proceso de crecimiento y maduración. Así es una relación sana que va creciendo y cimentándose en el tiempo. Necesita crecer y madurar.

Ya tienen claro su punto de partida. ¡Ahora hay que delinear las coordenadas para llegar al destino! Probablemente nadie se casaría si supiera que en solo unos meses o años estará firmando su sentencia de divorcio. Pero por alguna razón más de la mitad de las parejas que se casan terminan divorciándose. De alguna manera, el divorcio ha alcanzado a todos los estratos sociales. Adultos y jóvenes, ricos y pobres, cristianos y no cristianos... el divorcio, sin distinción de edades, países o religiones, se ha llevado por delante miles de matrimonios.

La única manera de reducir las probabilidades en cuanto a esta problemática es la previsión, la preparación y un indeclinable compromiso entre ustedes que tiene que ir alimentándose y afirmándose conforme pasa el tiempo. Por eso tienen este libro en sus manos y lo están leyendo. ¡Ya es un buen comienzo! A través de sus páginas podrán encontrar disparadores para el diálogo, y una serie de consejos que les ayudarán a conocerse mejor y así poder definir las coordenadas necesarias para, juntos, llegar a destino.

Antes de casarse deben poder determinar los parámetros para una buena comunicación, los principios y valores espirituales que identificarán a su pareja y a su familia, los fundamentos para un orden financiero y administrativo, las normas que regirán su futura familia e hijos, y muchos temas más. ¡Todo esto es muy diferente a decidir casarse solo por estar perdidamente enamorado de alguien, o porque se extrañan mucho cuando no están juntos! ¿Sabías que según estudios el 80% de nuestras decisiones son emocionales, y que solo un 20% las tomamos con la mente? ¡Aquí queremos desafiarles a que, además del corazón, pongan a funcionar su cerebro a la hora de tomar decisiones!

Para sacar mayor provecho de este libro queremos aconsejarles que tengan una libreta de apuntes y un lápiz a mano. Dentro de lo posible, agenden un lugar y un horario específicos cada semana para leer este libro juntos y así empezar a pulir todos los detalles que les ayudarán a construir un hogar duradero. No se apuren, no se trata de que lo terminen rápido. Lo importante es que empiecen, que disfruten del tiempo juntos, y que aprovechen al máximo la oportunidad de ponerle cimientos sólidos a su matrimonio.

Todos queremos que nuestro cónyuge y nuestro matrimonio sean perfectos desde las primeras horas de la luna de miel. Sin embargo, recordemos que todo lo bueno requiere una inversión de tiempo, dedicación y trabajo. Así que terminamos este capítulo dejándoles un consejo: Sean pacientes, porque desarrollar el compromiso de amarse, cuidarse, valorarse y respetarse por el resto de sus vidas requerirá trabajo arduo, tiempo y buenas decisiones.

Su vida juntos está empezando. Tal vez falte tiempo para su boda, pero su futuro hogar ya está en construcción. ¡Manos a la obra!

Capítulo II

La VIDA Espiritual

La crisis que actualmente atraviesa la familia se ve reflejada en cualquier estadística que consultemos. Los datos muestran el notable aumento en la cantidad divorcios y la creciente fragilidad de la familia, y en distintos puntos del planeta hay organizaciones pro-familia levantando su voz de alarma para advertir sobre la grave amenaza que esto significa para los individuos y para la sociedad.

Los motivos detrás de las rupturas y separaciones tienen que ver con la falta de compromiso, la poca comunicación, el mal manejo de las finanzas, el egoísmo, la infidelidad sexual, la ausencia de cimientos sólidos, y una clara falta de valores y principios que guíen la relación.

En medio de esta cultura en la que vemos tantos matrimonios estrellándose y otros tantos que van rumbo a la inminente colisión, el tomar la decisión de casarse pareciera ser un verdadero paso de fe. ¡Y así debería ser! Increíblemente, la mayoría de las parejas subestiman la importancia de la vida espiritual y de las cuestiones de fe como fundamento para la familia. Muchos ignoran que poniendo a Dios como la base y cimiento de sus familias se podrían ahorrar incontables dolores de cabeza y podrían disfrutar de una vida mejor. ¡Hay parejas preocupadas por su compatibilidad sexual y sus acuerdos en otros aspectos de su relación, pero que no se han tomado un tiempo para dialogar en profundidad sobre su compatibilidad espiritual!

En medio de una sociedad en la que reinan la inmoralidad, el desenfreno y la relatividad en cuestiones de principios, hay sin embargo algunas familias que se han mantenido unidas. Que han mantenido el norte juntos, y que son familias saludables en todo sentido. Pero no han llegado a esto por un golpe de suerte o por casualidad. Han llegado a través del esfuerzo, el compromiso, las convicciones, la preparación, y la búsqueda de fundamentos sólidos sobre los cuales construir su hogar.

Por eso es vital que conversen sobre cuán importante es Dios en sus vidas, y sobre cuál será el lugar de Dios en su matrimonio. ¿Tienen ambos su fe puesta en Cristo? ¿Cómo practicarán su fe juntos? ¿Asistirán y servirán juntos en alguna congregación? ¿Qué les enseñarán a sus niños acerca de Dios? Si ustedes nunca han discutido su compatibilidad espiritual, este es el momento de hacerlo.

El genial escritor Max Lucado, en su libro *"Max habla sobre la vida"*, lo explica de esta forma:

> *"Una persona toma dos grandes decisiones en la vida. La primera tiene que ver con la fe. La segunda tiene que ver con la familia. La primera pregunta es: ¿Quién es mi Dios? La segunda: ¿Quién, si me caso, será mi cónyuge?*
>
> *La primera pregunta define la segunda. Tu Dios define tu familia. Si tu Dios eres tú mismo, entonces tú tienes la batuta porque tu matrimonio es para tu placer y nada más. Pero si tu Dios es Cristo, entonces él tiene la batuta porque tu matrimonio es para su honra.*
>
> *El matrimonio es idea de Dios. Lo creó porque la mayoría de nosotros somos mejores seguidores de Dios con una pareja que solos. La mayoría de nosotros somos más eficaces con nuestros dones, más fieles a nuestras convicciones, más fructíferos en nuestro servicio si no vivimos solos. Ya que el matrimonio es idea de Dios, ¿no creerías que tiene una idea de con quién nos deberíamos casar? La tiene.*
>
> *'No se unan en matrimonio con los que no creen en el Señor, porque ¿qué puede tener en común la justicia con la maldad? ¿Cómo puede la luz llevarse bien con la oscuridad?' (2 Corintios 6:14, NBD).*
>
> *Cuanto más tiempo salgas con un no creyente, más estás posponiendo la oportunidad de que Dios ponga a la persona adecuada en tu camino. Si eres hijo de Dios y te casas con un hijo del diablo, tendrás problemas con tu suegro."*

El tema de la espiritualidad y de la fe no es un tema menor en la vida. Y mucho menos si estamos hablando de dos personas que se unirán en matrimonio y serán UNO. Una "unidad" matrimonial con propósitos e intenciones espirituales desiguales es una bomba de tiempo que puede estallar en cualquier momento.

Es por todo esto que resulta de suma importancia que se pregunten si ambos comparten la misma fe. Tener creencias y prácticas diferentes podría generar mucha tensión en la pareja, y también en los hijos cuando estos lleguen.

A lo largo de los años nos ha tocado ver cómo muchos han lidiado con la frustración de querer cimentar su matrimonio sobre los principios de la Biblia, tratando de poner a Dios en el centro de sus vidas, y no lo han logrado. Creyeron que una vez casados la otra persona cedería y los acompañaría en el proceso para lograr un crecimiento espiritual, pero no sucedió así. Finalmente terminaron viviendo vidas antagónicas. Mientras uno sueña con compartir con su cónyuge experiencias espirituales y ver a sus hijos crecer conociendo a Dios, el otro está enfocado en sus propios logros, su trabajo, sus amigos y su familia sin que Dios esté en la ecuación.

Lastimosamente, aun conociendo las creencias espirituales del otro, muchos jóvenes igual transitan el camino hacia el altar con esa persona, sin tener la certeza de si se dirigen hacia éxito o hacia el fracaso. Muchos no cristianos son realmente honestos con su pareja al hablar sobre su postura hacia Dios y hacia la familia de la fe, dejando en claro que no les interesan para nada, o incluso que están en contra de todo eso. Pero los creyentes ingenuamente piensan que con el tiempo lograrán "evangelizarlos" y construir un hogar cristiano, por lo que asumen el riesgo... Finalmente lo que pasa es que uno cede, y por lo general es aquel que tenía fe.

Por eso es indispensable que analicen en este momento con sinceridad si sus espiritualidades son compatibles o no. Y en todo caso es mejor que consideren el terminar la relación ahora, en lugar de arriesgarse a sufrir las consecuencias más tarde.

Si ambos son seguidores de Cristo, entonces en este momento pueden conversar y decidir juntos qué rol tendrá Dios en sus vidas, en su matrimonio y en su futura familia. Incluso aquellos que provienen de denominaciones diferentes pueden experimentar algún tipo de "impacto cultural" al casarse. En esos casos lo fundamental es que lo hablen, que cuiden en conservar los principios fundamentales de la fe cristiana, y que eviten entrar en conflictos doctrinales que son discusiones de antaño y en los que probablemente no se pondrán nunca de acuerdo. Sean de la denominación que sean, lo importante es que Dios sea el centro de sus vidas y de su hogar, y que concuerden en sus creencias respecto a Jesús, el Espíritu Santo, la salvación y el cielo. Otra cuestión que deberán decidir juntos es cuál será la denominación y la congregación a la que asistirán a partir de la boda.

Definan las bases espirituales

La base espiritual es muchas veces una de las áreas menos desarrolladas en las parejas, y sin embargo es una de las cuestiones más importantes para determinar el rumbo de un matrimonio. Desarrollar juntos convicciones firmes les llevará trabajo, disciplina, enfoque y tiempo. Para entender mejor qué es lo que necesitan construir y afirmar durante esta etapa previa al matrimonio, echemos una mirada a lo que significan las convicciones, y cómo estas pueden ayudarles en su vida juntos.

Nuestras convicciones son claves. Afectan e influencian nuestros pensamientos, nuestro lenguaje y nuestra conducta. Una de las definiciones de "convicciones" que nos gustaría compartirte es la siguiente, que proviene del latín *convictío*: "la convicción es el convencimiento que se tiene sobre algo". Quienes tienen una convicción poseen razones o creencias que les permiten sostener un determinado pensamiento, lenguaje o acción.

Por ejemplo, si ustedes toman las palabras de Jeremías 29.11 (NTV): *"Pues yo sé los planes que tengo para ustedes —dice el Señor—. Son planes para lo bueno y no para lo malo, para darles un futuro y una esperanza"*, y las incorporan a sus vidas como una convicción, entonces podrán anclarse a esta verdad más allá de lo que estén viviendo. Si las cosas se ponen duras en lo económico durante sus primeros años juntos, ustedes recordarán estas palabras y estarán convencidos de que es solo una mala temporada. Creerán que Dios tiene planes para ustedes de bien y no de mal y, por lo tanto, aunque las circunstancias no sean las que esperaban, seguirán esforzándose, trabajando, y con la mirada hacia delante, porque tienen la convicción que Dios tiene planes buenos para sus vidas.

El reconocido autor Rick Warren, hablando sobre cómo las convicciones nos ayudan a vivir lo que creemos[1], nos comenta que los diccionarios generalmente definen la convicción como la "certeza de lo que se piensa o se siente". Sin embargo él sostiene que una convicción es mucho más que eso, porque tus convicciones son tus valores, compromisos y motivaciones. Rick menciona la definición de "convicción" del gran maestro de la Biblia, Howard Hendricks, quien dijo: *"Una creencia es algo de lo cual argumentarás, una convicción es ¡algo por lo que morirás!"*.

Al principio, cuando nos convertimos en cristianos, a menudo hacemos cosas simplemente porque otros cristianos a nuestro alrededor las sugieren o las modelan. Tú puedes orar, leer la Biblia y asistir a los servicios porque ves los ejemplos de otros. Esto está bien para un cristiano nuevo; los niños aprenden del mismo modo. Sin embargo, a medida que creces, eventualmente debes desarrollar tus propias razones para hacer lo que haces. ¡Esas razones luego se convertirán en convicciones!

Es irónico cómo hoy en día la mayoría de las personas tienen convicciones fuertes sobre temas poco importantes (como fútbol, moda, etc.), pero tienen convicciones débiles sobre temas muy importantes (como qué está bien y qué está mal, o incluso sobre si Dios existe o no).

Hebreos 11.1 dice: *"... la fe es la garantía de lo que se espera, la convicción de lo que no se ve"*. Por eso ahora les preguntamos: ¿Qué convicciones definen la fe de cada uno de ustedes? ¿Sobre qué convicciones edificarán su futuro matrimonio?

---

1   Tomado de la página http://pastorrick.com/devotional/spanish/enseña-y-predica-con-convicción-bíblica, visitada el 20 de marzo de 2017.

Una vez que tengan resuelto este punto crucial en la relación, sin más tiempo que perder comiencen a formularse pequeñas metas que les permitan crecer y afirmarse en su vida espiritual familiar. Por empezar, busquen un lugar para congregarse en donde ambos se sientan cómodos y puedan ir a aprender más de Dios.

Una aclaración importante: Decidir tener a Dios como el eje central de sus vidas no significa que todo será color de rosas. Probablemente pasarán por tormentas o tiempos turbulentos, pero podrán tener la certeza de que el Señor permanecerá a su lado a pesar de lo que tengan que atravesar:

> *"Cuando pases por aguas profundas, yo estaré contigo. Cuando pases por ríos de dificultad, no te ahogarás. Cuando pases por el fuego de la opresión, no te quemarás; las llamas no te consumirán."* (Isaías 43.2, NTV)

Busquen personas que les mentoreen

Los primeros años de matrimonios pueden ser complicados, y más si no se tiene un acompañamiento adecuado o no se tienen mentores, ni referentes. Por eso es fundamental escoger personas con madurez espiritual y emocional para que, de manera intencional, puedan ayudarles en el camino.

¿Cómo decidir qué persona o pareja es apropiada para mentorearles? Lógicamente, tienen que ser personas que estén viviendo lo que ustedes quieren alcanzar en el futuro. Personas a quienes ustedes admiren y respeten por su integridad, conducta y amor a Dios. Y en quienes confíen al punto de poder acercarse a ellos y hacerles preguntas complicadas e íntimas que no se animarían a conversar con nadie más.

A continuación les compartimos algunos pasos prácticos que pueden serles útiles:

1 - Reconozcan la necesidad de un mentor

Admitir que necesitan el consejo o la guía de personas más experimentadas en la fe y en la vida es el primer paso para iniciar bien esta etapa. Esta decisión les abrirá la oportunidad de enriquecer su relación de una manera impensada, y descubrirán la hermosa aventura de ser formados por Dios a través de sus queridos mentores.

La Biblia está cargada de historias de personas que fueron mentoreadas e influenciadas por otras. Los mentores nos ayudan a analizar mejor la situación o experiencia que estamos viviendo, y nos enseñan a descubrir a través de ella la gracia, misericordia y favor de Dios. Tal vez los mentores que elijan no sean precisamente consejeros profesionales, pero sí serán personas que aman a Dios, compresivas, alentadoras y que les brindarán consejos prácticos para sus vidas.

A la hora de elegir a la pareja que deseen que les mentoree, piensen: ¿Por qué los elegirán? ¿Qué es lo que les llama la atención de esa pareja? ¿Qué es lo que les gustaría aprender de ellos? ¿En qué les gustaría parecerse a ellos?

Recuerden que solo porque sean personas a las que les va bien en la vida no significa que tengan las habilidades para ayudarles y aconsejarles. Ustedes necesitan personas que sepan escuchar, que tengan la disposición de involucrarse en sus vidas, y que se interesen por los desafíos que ustedes están atravesando. Busquen personas a quienes ustedes conozcan bien, y viceversa, de manera que puedan tener una buena comunicación.

Luego de encontrar a las personas apropiadas, si ellas están de acuerdo en ser sus mentores, entonces deberán proyectar juntos: ¿Durante cuánto tiempo quisieran reunirse, y cuál será la frecuencia de las reuniones? ¿En qué lugar serían los encuentros? Y si tuvieran que resumir en breves palabras lo que quisieran lograr como resultado de su trabajo junto a sus mentores, ¿qué sería?

2 - Identifiquen las áreas en que necesitan más ayuda

Tal vez ustedes sepan en qué áreas de sus vidas o de la relación necesitarán más acompañamiento. Esto puede ayudarles a buscar a la persona o pareja más indicada para confiarle esos temas. Debe ser alguien con quien se sientan de alguna manera identificados, o a quien admiren, para que estén tranquilos de darle el permiso de observar y acompañarles en este proceso.

3 - Tengan una actitud moldeable

¡No hay nada más frustrante que tratar de ayudar a alguien que no quiere recibir ayuda o no reconoce sus necesidades! Por esto es vital que asuman desde el inicio una postura enseñable, de manera que puedan optimizar el tiempo que les estarán brindando las personas que los mentorearán. ¿Estarán dispuestos a realizar las tareas que les asignen? ¿Estarán dispuestos a invertir en libros, o a asistir a reuniones o conferencias relacionadas con lo que conversen con el mentor, si este así lo requiere?

Es importante también que siempre tengan a mano en qué registrar todo lo que conversan. Escuchen, tomen notas, pregunten y no duden en expresar sus inquietudes. Estos momentos de conversación y aprendizaje pueden ser realmente transformadores si ustedes tienen la actitud correcta.

4 - Tengan una agenda de mentoreo

Luego de comprender la importancia de tener mentores, identificar las áreas en las cuales necesitan ayuda, y asumir una postura de permitir que alguien les observe y acompañe, es primordial definir una agenda.

Ser mentoreados requiere responsabilidad y tiempo de ambas partes. Por lo tanto será conveniente definir la frecuencia de las reuniones y el plan de trabajo. Es decir, definir si los encuentros serán cada dos semanas, o una vez al mes, o bimestrales, etc., dependiendo de lo que ustedes y el mentor consideren necesario. También es importante hablar qué periodo de tiempo durará, en primera instancia, el acompañamiento. Si será durante un semestre, un año, o cuánto tiempo. Luego se pueden evaluar los avances y volver a marcar una nueva agenda.

Lógicamente el trabajo prematrimonial será de alguna manera diferente al que llevarán adelante una vez que estén casados, así que lo recomendable sería marcar distintas etapas. Dentro del plan de trabajo pueden usar todos los recursos disponibles. No necesariamente tienen que encontrarse siempre en persona, sino que también pueden complementar estos encuentros telefónicamente o con algún otro recurso tecnológico que tengan a mano.

Además es vital establecer las expectativas de ambos lados sobre lo que se quiere lograr con este acompañamiento. Finalmente, cuando todo esto esté claro, entonces cada uno podrá poner lo mejor de su parte para avanzar hacia los objetivos y disfrutar de este tiempo de consejería y amistad.

Den los primeros pasos

¡Manos a la obra! Pequeños comienzos, bien cuidados, arribarán a grandes resultados. Como ya mencionamos, un matrimonio cimentado en Cristo les dará fuerza en los momentos malos, y les dará madurez y equilibrio en los tiempos buenos. Aquí es importante destacar que una vida de fe en Cristo se debería ver reflejada en las actitudes, decisiones y acciones cotidianas. Por lo tanto, mientras van realizando los preparativos para casarse, dialoguen y planifiquen cómo buscarán a Dios en todos los aspectos de su matrimonio:

1. ¿Asistirán juntos a alguna iglesia?
2. ¿Estudiarán juntos la Biblia?
3. ¿Qué piensan respecto a invertir sus vidas sirviendo a Dios?
4. ¿Cuánto se involucrarán en el servicio a Dios como pareja?
5. ¿Apoyarán financieramente a algún ministerio o iglesia?
6. ¿Cuántos libros leerán juntos cada mes?

7. ¿Están de acuerdo en que sus futuros hijos crezcan en la fe en Cristo?

Desarrollen una espiritualidad íntima y en comunidad

Es esencial que tengan presente que Dios trata con cada persona individualmente, y que cada uno de ustedes podría estar en un punto diferente al otro en el proceso de Dios para sus vidas. Además, deben comprender que el crecimiento y desarrollo espiritual presenta diferentes formas y ritmos para cada uno. Lo importante es tener las bases claras, y estar de acuerdo en que Cristo sea el centro de sus vidas personales y del hogar que están por formar. Luego deberán ser pacientes el uno con el otro, respetando el trato que Dios tiene con cada uno.

Lo que queremos recordarles aquí es que, a la hora de poner en práctica nuestra fe, hay innumerables formas de hacerlo, y son todas necesarias ya que unas complementan a las otras:

– A solas

Además del crecimiento espiritual como pareja, ustedes necesitan estar enfocados en crecer individualmente. Así como no puedes esperar que tu pareja llene tu tanque espiritual en una forma en que solo Dios lo puede llenar, tampoco ella puede esperar que tú llenes algo que únicamente a través de su relación con Dios puede ocurrir.

Aunque crecer juntos espiritualmente es una experiencia hermosa, esta no puede reemplazar lo que cada persona debe experimentar con sus propias disciplinas espirituales.

Cuando en cierta ocasión los discípulos de Jesús le pidieron "Señor, enséñanos a orar", Jesús les da una serie de indicaciones y luego les dice en Mateo 6.6: *"Pero tú, cuando te pongas a orar, entra en tu cuarto, cierra la puerta y ora a tu Padre, que está en lo secreto. Así tu Padre, que ve lo que se hace en secreto, te recompensará".*

Puedes asistir a alguna congregación en pareja y/o familia, servir en algún ministerio, como por ejemplo enseñando a los niños, adolescentes o jóvenes, hacer trabajos voluntarios, cantar en el coro o grupo de alabanza, hacer algún servicio comunitario con otros hermanos en la fe, y mil cosas más... Pero no pierdas de vista que son las acciones realizadas en privado las que verdaderamente marcarán tu nivel de madurez espiritual, influenciando tus reacciones, tus decisiones diarias, tu interacción social, y tus palabras.

La enseñanza de Jesús era sencilla y práctica a la vez. Cuando quieras encontrarte con Dios, lo puedes hacer en tu casa, en tu habitación, en la intimidad de tu hogar. Y, por supuesto, lo que vives en tu intimidad con Dios sin dudas se reflejará en lo público. Ambas facetas de nuestra vida espiritual son importantes, tanto la pública como la privada, pero pongamos el orden adecuado tal como lo enseñó Jesús.

El plan de Dios es que podamos tener una relación íntima y personal con Él. Así que, el primer paso para desarrollar una espiritualidad más plena es delinear los horarios y las maneras en que cada uno buscará a Dios en oración, lo adorará y aprenderá de su Palabra en su hogar, por separado.

- Juntos

Del mismo modo, también como pareja y familia necesitarán tener una relación con Dios en la intimidad de su hogar. Dispongan la manera de tener tiempos de oración, lectura y adoración juntos cada día, en algún horario acordado. Si esta es una práctica que desarrollan desde el inicio de su matrimonio, cuando lleguen los hijos al hogar será ya un hábito instalado, lo que significa que continuará y seguirá evolucionando con ellos.

Cuando aceptamos a Jesús como nuestro Salvador, esa relación -que empieza en algún punto de nuestra vida, ya sea en la niñez, adolescencia, juventud o vida adulta- nos acompañará no solo mientras seamos solteros/as, sino también cuando estemos casados, y se irá fortaleciendo conforme busquemos a Dios y vayamos nutriendo nuestra vida espiritual. Una relación íntima con Dios no es simplemente asistir religiosamente a alguna iglesia, sino más bien es un compromiso con él para toda la vida.

- En comunidad

Por supuesto que también, además de tener una relación con él en la intimidad de nuestro hogar, el plan de Dios contempla que podamos hacerlo en comunidad.

A lo largo de las Escrituras contamos con cientos de historias y versículos que nos invitan a que compartamos tiempos de oración, adoración y el estudio de la Palabra de Dios en comunión con otros.

Desde el puntapié inicial, los primeros discípulos y la iglesia primitiva que cambió el mundo tuvieron las casas como base para que la fe siguiera fortaleciendo a personas y familias. Aquí tienen algunos versículos con el común denominador "*las casas*":

"Cuando cayó en cuenta de esto, [Pedro] fue a casa de María, la madre de Juan, apodado Marcos, donde muchas personas estaban reunidas orando". (Hechos 12.12*)*

"Saluden a Priscila y a Aquila, mis compañeros de trabajo en Cristo Jesús... Saluden igualmente a la iglesia que se reúne en la casa de ellos". (Romanos 16.3-5)

"Saluden a los hermanos que están en Laodicea, como también a Ninfas y a la iglesia que se reúne en su casa". (Colosenses 4.15)

"...Aquila y Priscila los saludan cordialmente en el Señor, como también la iglesia que se reúne en la casa de ellos". (1 Corintios 16.19)

"...a Arquipo, nuestro compañero de lucha, y a la iglesia que se reúne en tu casa" (Filemón 1.2)

"No dejaban de reunirse en el templo ni un solo día. De casa en casa par-

tían el pan y compartían la comida con alegría y generosidad" (Hechos 2.46)

Es importante que los cristianos se reúnan periódicamente con otros cristianos. Por eso queremos animarles a que puedan tomar decisiones respecto a la cultura familiar que construirán como matrimonio. En nuestro matrimonio hemos descubierto que algunos de los factores de crecimiento más importantes han ocurrido al formar parte de una comunidad de fe y al estar en contacto con otros matrimonios que nos desafían a través de sus ejemplos, relaciones, reflexiones y estilos de vida. Hemos aprendido que somos mejores cuando compartimos con otros la fe en Jesús.

No es bueno que vivan su fe aisladamente. Hay personas en la comunidad de fe que pueden proveerles de ánimo, fuerza, consejo y ejemplo para muchos aspectos de su matrimonio. Las parejas se nutren y fortalecen su relación al compartir con otros en la fe, la oración, la comunión, y al estudiar junto a otros la palabra de Dios.

Además de ayudarles a crecer, el reunirse con una comunidad de cristianos les proveerá de otras parejas amigas que orarán por ustedes, y con quienes podrán compartir experiencias, inquietudes y aprendizajes a lo largo de su crecimiento espiritual.

Recuerden que estas tres formas de crecimiento espiritual son todas necesarias, y una no puede remplazar a la otra. Aquí les damos algunos ejemplos de pasos prácticos que pueden ayudarles a crecer en forma individual, juntos, y en comunidad:

- ♦ Establezcan un horario para su devocional privado, y un día y hora para tener un devocional familiar.
- ♦ Busquen una iglesia en la que se sientan bien, y comprométanse a asistir fielmente.
- ♦ Sirvan a Dios en algún ministerio de su iglesia local.
- ♦ Inscríbanse en algún estudio bíblico grupal o para parejas.
- ♦ Oren juntos cada noche antes de dormir. Que esta sea una disciplina diaria. Cuando lleguen los hijos al hogar, también se la

transmitirán a ellos.

♦ Lean juntos algún libro devocional para parejas.

♦ Formen el hábito de dar gracias a Dios antes de cada comida, ya sea que estén en casa, o fuera.

♦ Aliéntense el uno al otro en su comunión con Dios, y a conocerlo más íntimamente.

♦ Dialoguen sobre sus experiencias personales con Dios.

♦ Reúnanse periódicamente con sus líderes o mentores.

♦ Planifiquen cómo le enseñarán acerca de Dios a sus hijos en su hogar.

Planifiquen un hogar cimentado en la fe

La vida espiritual y de fe se trasmite de padres a hijos. Por esta razón resultará decisivo que planeen desde ahora la forma en la que edificarán un hogar cimentado en la fe en Dios, y cómo ayudarán a sus hijos a desarrollar una fe personal. Los fundamentos espirituales sólidos que siembren en ellos serán la mejor herencia que podrán dejarles, porque la fe se trasmite de generación en generación. Recuerden: un verdadero legado no es dejarle algo a alguien; es dejar algo *en* alguien.

Hace unos años tuvimos la experiencia de compartir con nuestra familia en Guatemala un fin de semana. Estando en la orilla del mar se produjo un terremoto de 6.5 en la escala de Richter, el cual duró unos pocos segundos. Sin bien no fue considerado un terremoto de mayor magnitud ni importancia, para nosotros fue una experiencia fuera de lo común, y más aun considerando que provenimos de un país, Paraguay, en donde el mayor movimiento sísmico ha sido de 5.6 y hace décadas. Además créannos que un terremoto, aunque sea leve y dure solo unos pocos segundos, puede ser inolvidable. La tierra que sentíamos firme debajo de nuestros pies de repente se sacudió, nos balanceó de un lado para el otro, y sentimos que perdíamos el equilibrio.

Imagínense que la casa que van a construir fuera sacudida como lo fuimos nosotros. ¿Qué pasaría si sus cimientos no estuvieran preparados? En el plano espiritual, si no fundamentan su hogar sobre Cristo, sus principios y sus enseñanzas, entonces está en juego todo su futuro.

En Lucas 6.46-49, Jesús enseñó esta verdad a través de una parábola. Él dijo que aquel que oye sus palabras y no las pone en práctica *"se parece a un hombre que construyó una casa sobre la tierra y sin cimientos. Tan pronto como la azotó el torrente, la casa se derrumbó, y el desastre fue terrible"*. Sin embargo Jesús, afirmó que aquel que oye sus palabras y las pone en práctica es semejante *"a un hombre que, al construir su casa, cavó bien hondo y puso el cimiento sobre la roca. Así que cuando vino la inundación, el torrente azotó aquella casa, pero no pudo ni siquiera hacerla tambalear porque estaba bien construida"*. ¿Qué clase de casa desean construir ustedes?

Cuando determinan que Jesús será el centro de sus vidas y sus enseñanzas la base de su hogar, están poniendo un fundamento que jamás será movido. Además, determinen desde ahora que presentarán a Jesús a sus hijos como su Señor y su Salvador personal. Esta será su principal tarea cuando sean padres. Al hacer esto, estarán poniendo un fundamento sólido en las vidas de sus hijos también.

Cuando instruimos a nuestros hijos en las enseñanzas espirituales, estamos garantizando que ellos:

♦ Tengan vida eterna por medio de Jesús y desarrollen una relación personal con él

♦ Conozcan su identidad como hijos de Dios, su propósito y su valor

♦ Reciban la guía, la sabiduría y la dirección de Dios para sus vidas

♦ Conozcan a Dios que los ama, perdona y corrige

♦ Experimenten su misericordia, gracia y perdón

♦ obtengan principios y herramientas para aplicar en sus relaciones intrapersonales e interpersonales

♦ Experimenten el cuidado amoroso de Dios

♦ Desarrollen un carácter guiado por el fruto del Espíritu Santo en sus vidas

♦ Desarrollen la capacidad de hacer frente a las circunstancias adversas

♦ Experimenten la ayuda de Dios para superar los momentos difíciles

♦ Tengan entendimiento sobre lo bueno y lo malo

Hoy vivimos en una sociedad que levanta la bandera de que la ética y la moral son relativas. Si alguien cree y predica que hay normas eternas e inmutables, se lo tacha de intolerante y retrógrado. Por lo tanto, como futuros padres, su desafío es aún mayor. Primero deberán desaprender varios conceptos que responden a esta filosofía relativista y que tal vez hayan sido instalados en sus mentes desde la infancia, para reemplazarlos por los pensamientos de Dios, y por sus principios que rigen todo. Además, la responsabilidad que tendrán en el futuro de levantar a una nueva generación es trascendental. Por eso mismo no pueden iniciar un hogar sin antes hablar sobre sus hijos y cómo los formarán.

La instrucción espiritual no es una responsabilidad que pueda ser delegada a una congregación, a una escuela u otra organización, sino es primordialmente una responsabilidad de los padres.

Dios está muy interesado en que las generaciones lo conozcan, y por ello nos escogió a los padres a fin de perpetuar su nombre y que su salvación llegue a todos. En Deuteronomio 6.5-9 Dios es claro cuando manda que les inculquemos a nuestros hijos continuamente que él es el único Señor, y que lo amen con todo su corazón, con toda su alma y con todas sus fuerzas. Nos dice que, como padres, debemos hablarles a nuestros hijos sobre esto en todo momento: cuando estemos en casa y cuando vayamos por el camino, cuando nos acostemos y cuando nos levantemos. ¡Todo el tiempo!

Hagan de Dios el cimiento de sus vidas, y tendrán así un hogar sobre la roca, el cual no será conmovido ni en la peor de las tormentas.

Capítulo III

Esperando lo **MEJOR**

Nosotros trabajamos como líderes, y a menudo tenemos la oportunidad de viajar a diferentes países de América Latina brindando conferencias a jóvenes y a otros líderes de las nuevas generaciones. Al finalizar, siempre hay un momento para compartir con los participantes, y en estas charlas nos ha sorprendido la cantidad de jóvenes con preocupación y temor sobre el matrimonio. Algunos incluso sienten tanto temor que este los paraliza, llevándolos a postergar sus planes de casarse por causa de las grandes dudas que tienen respecto al futuro. Muchos se encuentran desanimados por haber sufrido el divorcio de sus padres, o simplemente por conocer las estadísticas sobre el porcentaje de matrimonios que terminan estrellándose en separaciones y/o divorcios.

Claro que es posible no ser parte de esas frustrantes estadísticas. Todos podemos desarrollar cualidades que nos permitan llevar adelante un matrimonio saludable. Y, aunque en ocasiones atraviesen tiempos difíciles, la relación podrá salvarse si le dedican tiempo incluso desde antes de la boda, si leen libros, si buscan consejo, y si se hacen el hábito de conversar sobre los temas importantes.

Por otra parte, resulta evidente que la realidad que se ve reflejada en las estadísticas contrasta totalmente con aquella enseñanza casi legendaria que en algún momento todos hemos escuchado: *"Existe alguien perfecto para ti"*. ¡Y es porque esa frase es mentira! No existe nadie perfecto esperándote, sencillamente porque no hay nadie perfecto. ¡No existe la mujer perfecta! ¡No existe el hombre perfecto! ¡Tú no eres perfecto para nadie! Y sentimos decírtelo, ¡pero tampoco existe la pareja perfecta para ti! Lo que conocerás son personas agradables, respetuosas, alegres, responsables, espirituales y maravillosas, que serán un regalo de Dios para tu vida. Pero no serán perfectas.

Mantengan siempre la motivación

Posiblemente pienses que lo que menos te falta en esta etapa de la vida es motivación, ya que estás expectante de formar tu propia familia al lado de la persona que amas. Ahora bien, parte de los resultados que esperas ver estarán ligados a la motivación que tengas, y esta no puede depender de alguien más. La motivación debe estar en ti. Debe originarse en tu interior.

Entonces, ¿cuál es la razón por la que te quieres casar? ¿Salir por fin de tu casa? ¿Temor de quedarte soltero? ¿La presión que ejercen tus familiares sobre ti? ¿Buscar una mejor situación económica? ¿Poder tener sexo con libertad? Si tu respuesta a alguna de estas preguntas es afirmativa, mejor detente. Aprieta el botón de pausa y no te cases aún.

Sin embargo, si ves que tú y la persona que amas comparten cualidades que son significativas para ambos, que se potencian el uno al otro, que tienen una visión y misión semejantes, una filosofía de vida similar, y que sus creencias y valores encajan con precisión, ¡entonces puedes aventurarte a construir una vida juntos y llegar a resultados extraordinarios!

En nuestro caso, desde novios establecimos nuestras expectativas con relación a nuestro futuro matrimonio. Dejamos bien claro que nuestro mayor deseo era formar una familia en la que Dios fuera el centro de nuestras vidas. Y también establecimos qué clase de padres seríamos para nuestros hijos, y cómo esperábamos ser como esposos. Estas expectativas, a su vez, nos motivaron a escoger ciertas acciones, estrategias y metas a fin de lograr cumplirlas.

Aun hoy, Dios, nuestro modo de relacionarnos como pareja, y nuestros hijos, siguen siendo nuestra principal motivación. Toda decisión que tengamos que tomar la tomamos teniendo en cuenta estas prioridades.

Tengan una visión clara de su destino

Quizás uno de los dos carga con equipajes pesados. Con cuestiones del pasado, como errores, decepciones, frustraciones, soledad, temores, malos ejemplos de los padres, etc. Incluso pueden estar cargando con presiones referidas al futuro, con preocupaciones por lo porvenir. A veces resulta difícil encontrar la forma de alivianar el peso y no cometer las mismas faltas con las mismas tendencias y prácticas que traen de sus historias personales.

Tal vez sientan en ocasiones que hay parejas mucho más sólidas que la de ustedes. La realidad es que cada pareja es totalmente diferente. Cada una carga con sus propios desafíos y deben buscar la forma de superarlos. Así como no hay personas perfectas, tampoco hay parejas perfectas. Por eso, que más que comparar su relación de pareja con la de otros, concéntrense en establecer estrategias prácticas. Pongan los pies sobre la tierra y vean qué tienen en sus manos para alcanzar el fin de desean.

De ahí la importancia de la visión por encima del equipaje que podríamos estar cargando. La visión es liberadora, nos ayuda a despojarnos de pesos innecesarios y nos da la posibilidad de visualizar el futuro que deseamos y de tener así mejores posibilidades de alcanzarlo. La visión nace a partir de ideas, que luego se convierten en enunciados, los cuales tienen el poder de direccionarnos en nuestro viaje por la vida. Cuando tenemos formulada una visión estamos empezando con el fin en la mente, y esto nos ayuda a mantenernos enfocados en el camino correcto.

Alejandro Magno fue un hombre que comprendió cuán poderosa puede ser la visión. En el año 335 a.C., al llegar a la costa de Fenicia, Alejandro Magno debía enfrentar una de sus más grandes batallas. Sin embargo al desembarcar comprendió que los soldados enemigos superaban en cantidad a su gran ejército, en una proporción de tres a uno. Sus hombres estaban atemorizados y no tenían motivación para enfrentar la lucha. Habían perdido la fe, y se daban por derrotados aun antes de comenzar a pelear. El temor había acabado con aquellos guerreros invencibles.

¿Qué hizo Alejandro Magno? Cuando hubo desembarcado a todos sus hombres en la costa enemiga, dio la orden de que fueran quemadas la totalidad de sus naves. Mientras los barcos se consumían en llamas y se hundían en el mar, reunió a sus hombres y les dijo: *"Observen cómo se queman los barcos. Esa es la única razón por la que debemos vencer: que si no ganamos, no podremos volver a nuestros hogares y ninguno de nosotros podrá reunirse con su familia nuevamente, ni podrá abandonar esta tierra que despreciamos. ¡Debemos salir victoriosos en esta batalla, ya que solo hay un camino de vuelta y es por mar! ¡Caballeros, para regresar a casa lo haremos de la única forma posible: en los barcos de nuestros enemigos!"*

Fue el poder de una visión lo que le permitió a Alejandro Magno y a sus guerreros sobrevivir y vencer. ¡Así de fuerte es el efecto que produce! Mueve a la persona desde dentro, la orienta, la desafía. La visión es mucho más grande que cualquier equipaje. Da poder y propósito para levantarse por encima de cualquier obstáculo o circunstancia.

Es fundamental que sepas qué es lo que quieres para tu futuro y para la familia que has de formar. Pero para que funcione necesitarás unir tu visión a la visión que tiene la persona a quien amas, y corroborar que sean compatibles. Tristemente, muchas parejas se unen sin saber hacia dónde quieren ir, y por lo tanto acaban tomando cualquier dirección que finalmente los conduce al fracaso. O van por el camino peleando porque uno quiere avanzar en un sentido y el otro en sentido contrario. Todo esto sucede por no haber fijado previamente una visión común.

En Habacuc 2.2 Dios resalta la importancia de escribir la visión, ya que si la tenemos presente a lo largo de nuestras vidas, esto nos garantiza mayores posibilidades de alcanzarla. Una visión que es documentada no solo tiene los beneficios propios de poder focalizarse en ella, sino que también tiene los recursos que Dios envía.

Las organizaciones de alto desempeño poseen una visión clara que los direcciona hacia el éxito y la productividad, brindando satisfacción a los clientes y a las personas que trabajan en ellas. La familia es la organización más importante; sin ella las sociedades no hubieran sobrevivido. Su impacto es único en la raza humana, y sin embargo la mayoría de las familias no poseen una visión compartida, no conocen su propósito y no tienen claros los valores que deberían abrazar.

Es fundamental que ustedes dialoguen sobre cómo vivirán su vida juntos. Para ello pueden plantearse preguntas tales como: ¿Cuál es el propósito de nuestro matrimonio? ¿Cuál es la meta principal? ¿Sobre qué principios cimentaremos nuestra familia? ¿Cómo queremos tratarnos? ¿Qué rol tendrá Dios dentro de nuestra relación y dentro de nuestra familia? ¿Será un invitado eventual, o será el protagonista?

También deben conversar sobre sus historias familiares, y sobre qué tradiciones o costumbres de las mismas quieren conservar y qué cosas quieren hacer de manera diferente. El punto es tener una cultura familiar planeada con anticipación, para poder trabajar ambos en la misma dirección.

En nuestra ceremonia de boda nuestro pastor mencionó que el primer amor de cada uno de los dos debería ser Dios, y que mientras él estuviera en el centro de nuestras vidas todo marcharía bien. Dijo que nos amaríamos siempre si primero lo amábamos a él. Y que nuestro pacto primeramente era con Dios y luego entre nosotros.

Dentro de nuestra misión familiar, lo pusimos a él como el centro. Todos nuestros planes tenían que ver con él, y desde el principio buscamos conocer y hacer su voluntad para nuestra familia. Creemos que cada día es mejor que el anterior, y que cada etapa es una gran aventura. ¡El mejor consejo que les podemos dar es que pongan a Jesús en el centro de sus vidas y de su relación! ¡Todas las cosas existen por él y para él!

También es importante, como ya dijimos, que comiencen a hablar sobre los hijos que planean tener, cómo los educarán, cómo los ayudarán a desarrollar sus habilidades, y cómo les inculcarán aquellos principios que luego necesitarán para formar sus propias familias. Es decir, cómo les enseñarán a trabajar, aprender, comunicarse, resolver problemas, reconocer sus errores, pedir disculpas, perdonar, servir, divertirse, etc.

Otra cuestión de vital importancia es determinar en qué momento del día se reunirán como matrimonio. Este deberá ser un tiempo innegociable, donde compartirán y fomentarán el diálogo y la comunicación entre ustedes. La intención es pasar un tiempo juntos para hablar, reír, reflexionar, tomar decisiones y divertirse. El que disfruten el uno del otro, y el que fomenten el deseo de querer estar juntos, determinará un ambiente sano, seguro, y reconfortante para ustedes y para sus hijos también.

Una de las resoluciones que tomamos nosotros antes de casarnos fue el tiempo que compartiríamos durante la semana. Todos los sábados saldríamos a caminar o iríamos a un parque cercano para dialogar, soñar, y realizarles los ajustes necesarios a nuestras metas personales y familiares a fin de mantenernos en el camino correcto.

Especifiquen su misión familiar

A continuación veremos cómo comenzar con el fin en mente, a través de un enunciado de misión familiar, tal como lo expresa Stephen R. Covey en su libro *"Los 7 hábitos de las familias altamente efectivas"*. El enunciado de misión familiar es *"una expresión combinada y unificada de todos los miembros de la familia sobre el propósito de existir de la familia, y los principios que elige para gobernar su vida familiar"*.

En su libro, el autor nos propone tres pasos sencillos que podemos dar para crear nuestro enunciado de misión familiar:

Paso uno: exploren cuál será el propósito de su familia

La meta es incluir los sentimientos e ideas que cada uno aporta. Para esto tendrán que apartar un tiempo, y crear un ambiente ameno, acogedor y seguro, de modo tal que ninguno se sienta amenazado por lo que expresa. Esto es muy importante porque cada uno es totalmente diferente, y el dedicar tiempo para explorar las diferencias y crear una visión compartida evitará que esas diferencias traigan resquebrajamientos en la relación.

En nuestro caso personal, cuando escribimos nuestra misión familiar, uno de nosotros aportó sus ideas sobre lo que esperaba de nuestra relación: no dormir enojados, apartar tiempo para estar juntos, no guardarnos secretos, ser conscientes de las necesidades del otro. El otro agregó el servir a Dios y a los demás, y también que nuestro hogar sea seguro, de amistad, de compañerismo, de respeto y consideración. Al reunir todo esto y ponerlo por escrito, sin darnos cuenta ya habíamos establecido pautas y principios que nos permitirían regular nuestras actitudes y expectativas para el bien de la relación.

Es importante resaltar que la misión familiar debe ser un acuerdo entre ambos. En el matrimonio, ya no se trata de la manera en que *uno* cree que las cosas deben hacerse, sino que debe ser la manera de los dos... Existe ahora una nueva manera de hacer las cosas y de tomar decisiones: la *nuestra*. Juntos deben construir *por encima* de las experiencias y paradigmas que cada uno ha traído de sus familias. Si en la familia de José las diferencias se dirimían gritando y en la casa de Ana las diferencias se evadían, ambos deben identificar estos patrones de conducta y establecer juntos otras estrategias que resulten más adecuadas para la resolución de conflictos.

Paso dos: escriban juntos su enunciado de misión familiar

Luego de haber compartido sus ideas, deben seleccionarlas, agruparlas y definirlas en un enunciado que reflejará sus expectativas conjuntas. Es sumamente importante escribirlo en un papel, ya que será algo visible para ambos, pero es aun más importante que lo graben en sus mentes y corazones.

Al ir uniendo sus ideas en un enunciado, tengan en cuenta que posiblemente este será un primer borrador. Puede llevarles un tiempo elaborar la versión "definitiva", y aun así a lo largo de sus vidas podrá tener ajustes. Lo importante es comenzar su vida matrimonial con un propósito claro respecto de su futuro hogar, y con los principios fundamentales que los regirán como pareja y como padres.

Compartimos aquí con ustedes la misión de nuestra propia familia a fin de darles una idea de qué cosas se pueden incluir:

"Crear un ambiente de confianza y dependencia en Dios, de felicidad, de respeto y consideración por cada miembro de nuestra familia, donde el tiempo compartido es un valor innegociable. Seremos siempre honestos y transparentes el uno con el otro, nuestro hogar es seguro, acogedor y sano. Crecemos en todas las áreas fomentando hábitos saludables. Cuidamos nuestro corazón y nuestra mente con lo que vemos, oímos y hablamos. Cuidamos del otro".

A continuación veremos algunos ejemplos de enunciados de misión familiar presentados por Stephen Covey en su libro. Él comparte primeramente su propia misión familiar:

"La misión de nuestra familia es crear un lugar de fe, orden, verdad, amor, felicidad y relajamiento, y proporcionar la oportunidad a cada persona de volverse responsablemente independiente y efectivamente interdependiente, con el fin de servir a los propósitos valiosos de la sociedad".

Otra misión familiar que él presenta es la siguiente:

"Valorar la honestidad con nosotros mismos y con los demás. Crear un ambiente donde todos podemos encontrar apoyo y motivación para lograr nuestras metas de vida. Respetar y aceptar la personalidad y los talentos únicos de cada persona. Promover una atmósfera de amor, amabilidad y felicidad. Apoyar los esfuerzos familiares para hacer una sociedad mejor. Mantener la paciencia a través de la comprensión. Resolver siempre los conflictos familiares en vez de promover la ira. Promover la realización de los tesoros de la vida."

Por supuesto, estos ejemplos no pretenden ser un modelo para el enunciado que ustedes escribirán, ya que el enunciado de cada pareja debe reflejar sus propios valores, deseos y creencias conjuntas. Simplemente los incluimos aquí para darles una idea del tipo de enunciado que se pretende lograr en este paso.

Paso tres: usen la misión familiar para mantenerse en el camino

El objetivo de escribir un enunciado de misión familiar no es tener un listado de cosas por hacer, sino que pretende ser una *constitución*, una *ley suprema* en su andar juntos. Debe convertirse en un fundamento para sus vidas, el cimiento sobre el cual construirán su hogar y el cual les asegurará continuidad para su familia por generaciones.

Una misión familiar compartida promoverá, además, la interdependencia. Propiciará que cada uno asuma su parte de responsabilidad en la construcción de su vida juntos. La Biblia hace énfasis en la interdependencia al señalar que es mejor ser dos que uno, porque ambos pueden ayudarse mutuamente a lograr el éxito. Si uno cae, el otro puede darle la mano y levantarlo; pero el que cae y está solo, ¡ese sí que está en problemas! Del mismo modo, si dos personas se recuestan juntas, pueden brindarse calor mutuamente; pero, ¿cómo hace uno solo para entrar en calor? (Proverbios 4.9-11).

La materia prima es y seguirá siendo el amor, traducido en compromiso y acción. Un amor incondicional, que no depende de lo que se recibe, sino que simplemente da. Después de todo, Jesús nos enseñó cómo debemos amar... Él nos demostró un amor práctico, sacrificial e incondicional. Estas fueron sus palabras, registradas en el libro de Juan 13.34-35: *"Este mandamiento nuevo les doy: que se amen los unos a los otros. Así como yo los he amado, también ustedes deben amarse los unos a los otros. De este modo todos sabrán que son mis discípulos, si se aman los unos a los otros".*

La forma en que podemos regresarle a Dios tanto amor es amando a otros como él nos ama. Si se aman mutuamente de esta forma, entonces la misión familiar les dará el sustento necesario para trascender los problemas que enfrenten, los desafíos que se les presenten, y cualquier carga o tensión originada en el pasado o en el futuro.

Creen lazos profundos arraigados en el compromiso compartido, en la colaboración mutua, en la unidad, y en el compañerismo... así podrán establecer fácilmente un acuerdo con miras a lo más tierno, íntimo y maravilloso, que es el matrimonio.

Capítulo IV

La Influencia FAMILIAR

La familia en la que nacemos nos motiva, nos impulsa, nos desafía, nos da sentido de pertenencia y protección, y sin embargo, en ocasiones, también puede limitar nuestro crecimiento y afectarnos de manera negativa. Dicho de otra forma, la familia tiene el potencial para construir vidas como también para destruirlas.

La familia influye en nuestro comportamiento, en nuestras actitudes, en nuestro carácter, en nuestros valores y en nuestros pensamientos. Ninguno de nosotros ve el mundo como es. Lo vemos como nosotros somos. Lo vemos como nos enseñaron a verlo. Como diría Stephen Covey, esto ha sido determinado por nuestros antecedentes y experiencias, que son como lentes a través de los cuales vemos la realidad, y que afectan nuestro sistema de valores, nuestras expectativas, y nuestras suposiciones implícitas sobre cómo es el mundo y cómo debería ser. Dicho de otro modo, vemos de acuerdo a la forma en que nuestra familia nos ha presentado la vida.

Primero lo primero: redefiniendo tu propia valía

En cierta ocasión tuvimos la oportunidad de conversar con un joven que había crecido en un ambiente familiar muy hostil. Su padre constantemente lo comparaba con su hermana. Ella era muy dedicada en todo lo que hacía y siempre obtenía buenas calificaciones en sus estudios, y él era todo lo contrario. Sin embargo, este joven poseía una gran habilidad para la música y el diseño gráfico.

A pesar de estas habilidades, él constantemente escuchaba palabras hirientes como: *"Eres un burro"*, *"No lograrás llegar muy lejos en la vida"*, o *"Eres una decepción"*. Su padre siempre hablaba de lo que hubiera deseado que su hijo fuera, en lugar de valorar los talentos que el niño tenía, los cuales lo hacían único y especial.

Como te imaginarás, luego de tanto oír que no valía nada, ¡este joven se lo creyó! Cuando lo conocimos tenía la autoestima destrozada y había enterrado todos sus sueños. Lo bueno es que con ayuda logró revertir el daño y cambiar lo que creía de sí mismo. ¡Pero cuántos jóvenes transitan por la vida dañados por palabras y acciones que han recibido del entorno que, se supone, debe ser el más seguro para cualquier persona!

En Salmos 57.4 se compara la lengua de algunos hombres con una espada afilada. ¡Qué gran verdad! Hay palabras que son tan duras que penetran como si fueran una espada, causando dolor y heridas profundas muy difíciles de sanar.

Nuestro entorno es un factor muy relevante en la formación del concepto que tengamos de nosotros mismos, y en especial nuestros padres son en extremo importantes para nuestro desarrollo integral. Lamentablemente, muchas personas crecen pensando que sus vidas no tienen ningún mérito ni propósito, y sintiendo un gran peso de frustración y desaprobación sobre ellos.

David fue un joven que tuvo que lidiar con palabras ofensivas dichas por uno de sus hermanos, Eliab. Si abres tu Biblia en 1 Samuel 17.28 encontrarás que él lo acusa de atrevido y malintencionado, cuando en realidad la intención de David fue ayudar a contrarrestar la fuerza opresora que Goliat ejercía sobre el ejército de su pueblo. En contraste, en el capítulo 16.18 del mismo libro dice que uno de los criados hizo una descripción de David a Saúl, mencionando su talento en la música, su valentía, su habilidad para la guerra, su capacidad de expresarse con prudencia en sus palabras y su buena presencia. ¡Y además resaltó que el Señor estaba con él!

Evidentemente David tuvo que soportar muchas veces el rechazo de sus hermanos, que lo tenían en poco y lo etiquetaban con descripciones que nada tenían que ver con la realidad. Y no fue el único caso. En la Biblia se ve muchas veces cómo personas a las que Dios usó de

manera extraordinaria, y a quienes dotó de inteligencia, liderazgo y gracia, también fueron blanco de rechazos, críticas, burlas, y descrédito dentro de su propia familia.

Te sugerimos que hagas una lista en una columna de las palabras que haya dicho en contra tuya algún familiar, y que te enojaron o te lastimaron. En otra columna escribe aquellas palabras de valoración con las que se hayan referido a ti familiares o amigos, mencionando tus aspectos positivos. Luego haz una lista en otra columna con lo que la Biblia dice que Dios piensa de ti. ¡Te apostamos a que en el total de opiniones acerca de tu persona son más las constructivas que las destructivas! Solo depende de ti el decidir cuáles pesarán más en la balanza de tu vida.

¿Por qué te insistimos con todo esto? Primeramente porque es importante que tengas una imagen saludable de ti mismo. En segundo lugar, porque el llegar a comprender que eres admirablemente único e increíblemente valioso te permitirá reconocer en otros, y en especial ahora en tu futuro cónyuge, su valor, sus cualidades y su potencial.

Si identificas tu potencial y lo desarrollas, y si no solo haces eso sino que también apoyas, desafías y potencias las cualidades y habilidades de la persona que amas, entonces despertarás admiración, confianza, compañerismo, amistad y más amor cada día. ¡Nadie se resiste a alguien así!

Además, cuanto más conozcas el valor que tienes y tus capacidades, mayor entendimiento y comprensión tendrás hacia los demás. ¡Y no hay nada mejor que impulsar a otros para que desarrollen lo mejor que llevan dentro! ¿Recuerdas que mencionamos que en esta etapa de la vida se cambia el "yo" por el "nosotros"? Bueno, esto también tiene relación con los logros alcanzados por la persona amada. Sus logros también se convierten en los tuyos. Sus victorias y sus derrotas tienen que ver también contigo, son tuyas. Su crecimiento también es tuyo.

Señales de alerta: reconociendo conductas dañinas

Existen algunas señales que nos alertan sobre posibles peligros que podrían resultar mortales. Unas de ellas son las señales de tránsito ubicadas al costado del camino, cuyo objetivo, además de mantener el orden, es velar por nuestra seguridad y la de terceros. Del mismo modo, existen señales en tu vida que es bueno identificar a fin de prevenir un desastre en el futuro. Algunas de estas señales tal vez sean claras y visibles en tu familia, pero si no las reconoces podrías avanzar tú hacia la misma dirección. Aquí tienes una lista para ayudarte a distinguirlas:

Dominio y subordinación

Existen matrimonios en donde uno de los dos cónyuges ha sido el centro de las oportunidades y de los logros, y en los que a la hora de sacrificar sueños y aspiraciones siempre se han sacrificado los del otro. Uno ejerce fuerza y control, y el otro sufre sometimiento y menoscabo. Hay un desequilibrio en la relación. Hay un "yo gano, tú pierdes". Hay una persona egoísta y egocéntrica que se impone sobre aquel que es más propenso a subyugarse. Esto es en realidad una forma de violencia, puesto que minimiza, intimida y aísla. En estos casos, tanto el que ejerce poder sobre el otro, como el que lo permite, tienen problemas que necesitan resolver.

Maltrato

El maltrato intrafamiliar es un enemigo latente y silencioso en muchas familias. Quizás nadie lo habla ni lo denuncia por vergüenza o por temor, pero lo real es que arrasa como un tsunami con los sueños y propósitos de las personas. El maltrato puede darse en muchas formas, como maltrato verbal, emocional, físico o sexual, y puede estar dirigido hacia uno o varios miembros de la familia.

Vicios

Si en tu familia has experimentado los efectos destructivos de algún tipo de vicio, tú conoces mejor que nadie que junto con el vicio se instalan en el hogar la tristeza, la angustia, la ansiedad, los problemas económicos, la inseguridad, y la vergüenza. Y que difícilmente se retiren a menos que exista una fuerte intervención, o un acompañamiento externo.

Ahora bien, si uno ve a alguien golpearse constantemente la cabeza con un martillo, difícilmente le pedirá que se lo preste para saber qué se siente. Uno no necesita probarlo para saber que es doloroso y peligroso. Uno ni siquiera *desea* probarlo, porque ya sabe cuáles son las consecuencias. Sin embargo muchos jóvenes, aun habiendo vivido las penurias en sus hogares desde niños, se encuentran hoy sumidos en vicios como el alcohol y las drogas.

Como lo dijimos anteriormente, tendemos a repetir los patrones de conducta de nuestros padres y de nuestro entorno familiar, por ser estos los lentes que condicionaron nuestra visión de la vida. De ahí que resulte fundamental reconocer si has visto en tu familia alguno de estos comportamientos u otros similares a los mencionados aquí, de manera tal que puedas establecer estrategias que te ayuden a sacarte esos lentes y a mirar con los correctos.

¿Qué mejor que considerar lo que la Biblia dice? En Salmos 119.9 leemos: *"¿Cómo puede el joven llevar una vida íntegra? Viviendo conforme a tu palabra"*. Por eso es importante que formes parte de una comunidad de fe donde puedas crecer espiritualmente y recibir ayuda. Además, si has sido víctima de algún tipo de abuso, acércate cuanto antes a una persona madura y confiable que pueda ofrecerte dirección y apoyo.

La manera más efectiva de cambiar la influencia negativa que heredamos de nuestra familia es conocer a Dios y lo que él piensa y espera de nosotros. Somos hijos suyos, y esta gran verdad encierra la intención misma de Dios al crearnos. Recuerda que él tiene un propósito para cada uno de nosotros. En Salmos 138.8 dice: *"El Señor cumplirá en mí su propósito. Tu gran amor, Señor, perdura para siempre; ¡no abandones la obra de tus manos!"*. ¡Dios tiene un gran propósito para tu vida! ¡La gran aventura es descubrirlo!

ladrillo por ladrillo: construyendo una nueva vida

Que tengas resueltos ciertos temas antes de casarte es determinante para que puedas construir un hogar donde no existan vestigios de aquellas estructuras que, ya sea lenta o precipitadamente, provocaron la ruina en la historia de tu familia. Conocimos cierta vez a un chico que nos relató su propio aprendizaje:

Juan hacía un tiempo se había enamorado de una joven cuyo ambiente familiar era muy cálido. La llamaremos Ana. En la familia de Ana el sentido de protección y pertenencia eran tan fuertes, que las palabras que se oían siempre eran de refuerzo, respeto y diálogo. Cuando había una diferencia entre ellos, el padre acostumbraba a conversar con sus hijos para hacerlos reflexionar y luego llegar a un acuerdo. También solía ayudarlos a analizar las situaciones y los guiaba hacia decisiones que no solo los beneficiaban a ellos sino también a otros. En la casa de Ana no acostumbraban a gritar ni a dormirse enojados, y las discusiones entre los padres se realizaban en privado.

A medida que Juan comenzó a compartir tiempo con la familia de Ana, se dio cuenta que este ambiente familiar era totalmente opuesto al suyo. En su hogar no había espacio para las equivocaciones, y si alguien las cometía era blanco de críticas, reprimendas y sanciones. También comprobó que muchas de las herramientas que utilizaban en la casa de Ana para relacionarse con los demás, él no las sabía manejar. Juan estaba acostumbrado a defenderse y a colocarse una coraza para no sentir dolor, vergüenza o debilidad.

Estas dos culturas familiares antagónicas no tardaron en evidenciarse en su relación de noviazgo. Ana y Juan tenían actitudes y reacciones muy diferentes cuando aparecía algún problema o desacuerdo. Ante las presiones o discusiones Juan se inhibía, y podía estar días sin dirigirle la palabra a Ana. Ella, por el contrario, estaba acostumbrada a dialogar. Como era de esperarse, todo esto trajo mucha tensión a la relación, la cual finalmente acabó en una ruptura.

Lamentablemente hay muchas historias de amor que pudieron haber sido escritas pero no lo fueron, sencillamente porque no se identificaron aquellas cosas que tenían fuerza como para destruir la relación, y por lo tanto no pudieron cambiarse a tiempo. Hoy Juan es consciente de que necesita replantear su visión de la vida. Por supuesto que él no puede cambiar lo vivido, ni a su familia, pero ha conseguido identificar los ajustes que necesitaba realizar en su vida. Entendió también que, si bien estaba conectado a ciertos problemas familiares, estos no eran suyos. Él no tenía control sobre ellos, y no los podía cambiar, pero sí tenía la posibilidad de seguir su propio camino.

Tal vez tu caso se parezca en algo al de Juan. Por eso es importante que te plantees preguntas como: ¿Qué influencias identificas de tu cultura o tu ambiente familiar en tu forma de hablar, de pensar, de comportarte? ¿Cómo crees que pueden estar afectando hoy tu vida los patrones de conducta de tu familia de origen, y cómo podrían afectar a tu futura familia? ¿Qué clase de matrimonio quieres construir? ¿Qué harás con aquellas debilidades de tus padres que se evidencian en ti? ¿Qué estrategias tomarás para modificarlas?

Juan lo expresó de la siguiente manera: *"Decidí que lo que deseo es un matrimonio sólido, en el que el diálogo sea uno de los pilares de la familia. Un hogar en el que los hijos que vendrán sientan confianza, seguridad y protección, y en el cual no teman a equivocarse y a preguntar. Decidí que hay otras formas de buscar soluciones a los problemas, y que las habilidades de mis hijos para enfrentarlos dependerán del ambiente que yo mismo propicie".*

Posiblemente hayas visto algún hogar destruido, y quizás hasta lo experimentaste en tu propia familia. Cualquiera que haya pasado por un divorcio, o por el alejamiento de un padre o madre, de un hermano o hijo, sabe que no existe nada más doloroso que ver el resquebrajamiento de lo que se supone debe ser el lugar más seguro del mundo. Cuando esto sucede, se producen marcas en el corazón, marcas como la inseguridad, los celos, los temores, el enojo, el rechazo, el abandono, la culpa y otros sentimientos que tienen el potencial de dar origen a malos hábitos y a la distorsión del verdadero significado del amor hacia tus futuras generaciones.

Identifica estas situaciones de inmediato y toma decisiones al respecto. Recuerda: no tienes el poder para cambiar tu pasado ni a tu familia, pero sí tienes la fuerza necesaria para cambiar el rumbo de tu vida a partir de hoy.

El pensamiento positivo cosecha resultados extraordinarios

Tal como lo menciona Bernardo Stamateas en varios de sus libros, si tus objetivos y tus metas son claros, tu motivación crecerá, te empujará a actuar y te acercará al resultado deseado:

> *"Los pensamientos equivocados te llevan a creencias equivocadas. Las creencias equivocadas te llevan a acciones equivocadas y ellas a resultados equivocados. Los pensamientos correctos te llevan a creencias correctas y ellas a resultados extraordinarios".*
> **Bernardo Stamateas**

¡Nuestros pensamientos condicionan nuestras acciones! Esto es lo mismo que dice la Biblia en Proverbios 23.7, donde leemos: *"Porque cuál es su pensamiento en su corazón, tal es él"* (RVR60). Por eso, el desafío más grande que tenemos es cambiar los paradigmas que afectan nuestra cosmovisión de las cosas, aquellos que dañan nuestras relaciones interpersonales, que influyen sobre nuestra toma de decisiones, y que impiden que alcancemos grandes logros en las diversas áreas de nuestras vidas.

Recuerda que la forma de construir tus pensamientos, ideas, opiniones y percepciones proviene, en gran parte, de tus vivencias dentro de tu entorno familiar. Del ejemplo de vida que tus padres te dieron, de la forma en cómo fuiste instruido y criado, y de los valores y creencias que te transmitieron tus padres y todos aquellos que tuvieron parte en tu formación, como abuelos, tíos, maestros, y otros.

Dependiendo de tu historia familiar puede que seas alguien optimista o pesimista, conciliador o intolerante, flexible o inflexible, comunicativo o reservado, audaz o temeroso, seguro o indeciso. Lo bueno es que, sin importar cómo seas, Dios puede ayudarte a mejorar en cualquier área de tu vida o de tu carácter en que necesites hacer cambios.

Puede que estés por entrar al matrimonio pensando que si las cosas no funcionan tienes la opción de divorciarte y volver a intentarlo con otra relación, porque eso fue lo que hicieron tus padres. O quizás pienses que pase lo que pase simplemente intentarás sobrevivir a cada día, ya que no concibes la idea de una separación porque en tu familia esto está mal visto y sería un disgusto demasiado grande para tus padres. Créenos, es mucho mejor hacer ciertos ajustes a tiempo, que lamentarlo más tarde.

Una clave para poder hacer a tiempo los cambios necesarios es revisar cuáles son tus paradigmas. Un paradigma es una forma de ver la vida y de definir qué es lo verdaderamente importante. Nuestros paradigmas determinan nuestra realidad y definen nuestros pensamientos. Los recibimos de nuestros padres de forma inconsciente, y posiblemente ellos los hayan recibido de los suyos. Un ejemplo de paradigma es lo que creemos acerca de la belleza física. En algún momento alguien dijo que, para ser considerada bella, una persona tenía que ser esbelta, atlética y delgada... ¡Y hoy, lamentablemente, este pensamiento está tan instalado en la sociedad que miles de jovencitas crecen infelices por no tener un cuerpo como este, al que los medios llaman "perfecto"!

También existen paradigmas en otras áreas de la vida, como los paradigmas familiares, sociales, emocionales, financieros y espirituales. Al igual que un programa informático instalado en el disco duro de una computadora, estos paradigmas determinan nuestro funcionamiento, condicionando nuestra conducta y nuestra personalidad. De cómo hemos sido programados mentalmente dependerá cómo vamos a hablar, actuar, vestir, relacionarnos, enamorarnos, manejar conflictos, solucionar problemas, amar, valorarnos, etc. Pero, así como ocurre con un programa informático, podemos modificarlos o eliminarlos si identificamos que son dañinos para nuestras vidas.

Depende de ti deshacerte de aquellos paradigmas, ideas y pensamientos perjudiciales que han estado cómodamente instalados en tu familia y que, a menos que hagas algo al respecto, continuarán instalados en tu mente determinando tu conducta. Si no te deshaces de ellos los llevarás contigo al matrimonio, y los traspasarás a tus hijos, y ellos probablemente a los suyos...

Por eso es importantísimo que no permitas que permanezcan en ti aquellos pensamientos e ideas que te han transmitido y que te dañan y afectan a los demás. Identifícalos, evalúalos, ajústalos, cámbialos, ¡o deshazte de ellos si es necesario!

La Biblia dice en Romanos 12.2 que seamos transformados mediante la renovación de nuestra mente. Permitamos que Dios llene nuestra mente con sus pensamientos, y que nos guíe por un camino que nos lleve a tener una vida en abundancia. Este proceso depende exclusivamente de nosotros. No hay porqué esperar más. ¡Comienza hoy mismo!

Capítulo V

CLAVES
para una
BUENA
Comunicacion

La comunicación es un elemento vital en el matrimonio. Es la llave que abre la puerta a una relación sana, feliz y segura. En una era donde se incrementa el índice de matrimonios frágiles, la habilidad de comunicarse dentro de una pareja es el factor más importante para que la relación matrimonial sea estable y satisfactoria.

Es importante que desde ahora comiencen a fortalecer su manera de comunicarse como pareja. A lo largo de este libro encontrarán muchos temas sobre los cuales deberían conversar. Cuando lo hagan, tengan en mente no solo el tema sobre el cual están dialogando, sino el modo como lo hacen. Que puedan dialogar, discutir, discrepar y llegar a acuerdos tratándose con amor y sin peleas, todos son indicadores de que existe una buena comunicación entre ustedes. Sin embargo, si no logran llegar al más mínimo acuerdo siendo novios, ¡necesitan mejorar urgentemente sus prácticas comunicativas!

En todo esto resulta muy importante descubrir la forma de comunicación de tu pareja. Podría decirse que cada uno de nosotros se comunica con los demás en un "idioma" diferente, y cuanto antes aprendamos a entender el idioma de nuestro cónyuge, mejor será para la relación.

La forma de comunicar puede estar codificada en "lenguajes" diferentes, como lo son la expresión verbal y la no verbal. Si te fijas bien, tú transmites cuestiones a través de tus palabras, pero también a través de distintos sonidos, del tono de voz, de tu cuerpo, tus gestos, tus expresiones faciales, tu contacto visual, tu postura... incluso a través de tus silencios. ¡De alguna manera, todo en ti está comunicando algo, todo el tiempo! Por eso que es importante que aprendas a hacerlo correctamente, y que aprendas también a comprender lo que está comunicando tu pareja.

Nuestros padres tuvieron la tarea de guiarnos en la adquisición del lenguaje en nuestros primeros años de vida. Pero no necesariamente nos han enseñado a comunicarnos con precisión. Por lo tanto es nuestra labor, y tal vez sea una de las más importantes, aprender a comunicarnos eficazmente con los demás, y en particular con las personas que amamos.

A muchas parejas les cuesta comunicar sus sentimientos, expresar su afecto y resaltar el valor del otro, ya sea verbalmente o de otras formas. Te aseguramos que tendrás serios problemas si no logras mantener el romance que se cultiva con las palabras y los gestos. Esa persona a la que amas de seguro está pendiente de tus atenciones, de los detalles que le muestran tu amor, de cada palabra que expreses, e incluso de las que no.

Habilidades comunicativas

Un buen manejo de las habilidades comunicativas evidenciadas en la vida cotidiana es, por ejemplo, cuando asistes a una entrevista de trabajo: tu postura, cómo vistes, cómo gesticulas, tu mirada, el movimiento de tus manos y piernas, todo dice algo acerca de ti. Estas dando un mensaje a tu entrevistador. Puede que le transmitas seguridad, interés, preparación, o todo lo contrario. La forma en que respondes sus preguntas, el tono, la fluidez de tus palabras, todo es decodificado y todo hace a la imagen que le quedará de ti cuando te hayas ido.

Tal vez al leer estas páginas reconozcas que necesitas fortalecer las habilidades comunicativas en tus relaciones interpersonales. Contar con un buen manejo de estas habilidades te ayudará a resolver muchos problemas, y a evitar tantos otros.

Si le ves siempre la quinta pata al gato, y siempre encuentras el pelo en la leche, si habitualmente no logras que otros comprendan lo que intentas transmitir, o si no tienes tacto en tu trato a los demás, entonces todas tus relaciones se verán considerablemente afectadas. Posiblemente las personas intentarán evitar pasar tiempo contigo, o mantenerlo en lo mínimo necesario. Pero no te desanimes. Cuando se trata de habilidades, lo bueno es que existe siempre la posibilidad de desarrollarlas y llegar a niveles muchos más altos.

Dios te ha dado habilidades desde el momento en que fuiste concebido, porque has sido creado a su imagen y semejanza. Él colocó en ti capacidades innatas para que seas mejor y para que puedas hacer que otros sean mejores. ¿Qué es lo que sabes hacer mejor? ¿Eres bueno con la música? ¿Aprendes rápido otros idiomas? ¿Te relacionas bien con los demás? ¿Eres creativo? ¿Tienes capacidad resolutiva?

Además, una vez que conociste a Jesús, el Espíritu Santo te otorgó dones espirituales, los cuales son habilidades especiales que te entregó para que bendigas y edifiques a otros. (Puedes leer sobre esto en Efesios 4, en Romanos 12, y en 1 Corintios 12).

¡Dios es el más interesado en ayudarte a desarrollar las habilidades innatas y espirituales que colocó en ti! De su parte recibirás las herramientas que necesitas, y tú tendrás que poner actitud y voluntad para ponerlas en práctica.

La buena noticia es que las habilidades comunicativas se desarrollan durante toda la vida. Con práctica se consigue alcanzar a dominarlas, obteniendo logros en nuestras relaciones interpersonales, tanto en lo profesional como en lo personal.

A medida que interactúes con tu persona amada te irás dando cuenta de cuáles son las diferencias entre ustedes, y descubrirás que cada uno tiene su manera peculiar de comunicarse y desenvolverse en la vida. Estas diferencias no necesariamente indican que uno lo esté haciendo bien y el otro mal, o que uno esté en lo correcto y el otro equivocado. De hecho, algunas personas son naturalmente extrovertidas y charlatanas, y otras son más introvertidas y calladas. Unos son más espontáneos, y otros son más cautelosos. Algunos tienen gran facilidad de palabra para expresarse y compartir sus sentimientos e ideas, y otros son más tímidos, discretos o reservados. Cada quien tiene su personalidad y temperamento, y en una relación de pareja es vital entender estas diferencias y respetarlas.

Lamentablemente muchas parejas malinterpretan estas peculiaridades, y entonces comienzan los desacuerdos por no entender que probablemente todo tiene su raíz en los diferentes estilos comunicativos que tiene cada uno.

Sea como sea el caso, adquirir buenos hábitos de comunicación durante el periodo de compromiso los guiará hacia un mejor modo de relacionarse durante el matrimonio. Por eso queremos compartirles a continuación algunas habilidades indispensables para lograr una mejor comunicación y un mejor entendimiento mutuo:

1. Sinceridad

La sinceridad debería ser la base de toda la comunicación en una pareja. Cuando hay sinceridad hay apertura para el diálogo, y se genera intimidad y confianza en el ambiente.

La sinceridad es el modo de expresarse sin mentiras ni fingimientos. La sinceridad es un término que está vinculado a la verdad y a la honestidad, además de a la sencillez y la humildad de las personas. ¡Está claro por qué es el ingrediente principal para una buena comunicación!

Lamentablemente, la sinceridad en términos de comunicación es un artículo de lujo, ausente en el centro de muchos hogares. El hecho de buscar ser una persona sincera conlleva la decisión de vivir la vida tal como uno es, sin mentiras ni falsas apariencias. E implica decir la verdad en todo momento, sin importar la situación ni las consecuencias.

Sin embargo -¡cuidado!- tampoco es la sinceridad una luz verde para que digas todo lo que sientes y piensas en cada momento. Soltar todo lo que se te pasa por la mente sin filtro previo no te convertiría en una persona sincera, sino en una persona insensata. Si hicieras esto terminarías demostrando falta de buen juicio, prudencia y madurez al hablar.

Los temas cruciales de la vida, lógicamente hay que hablarlos con total y plena sinceridad. Pero cuando tu pareja te pregunta qué tal le queda el nuevo vestido que se compró, o cuando te muestra su nuevo corte de cabello o el cuadro que acaba de pintar, tienes que tener mucho cuidado en lo que vas a responder. No siempre tienes que decir tooodo lo que piensas. Puedes elegir, de entre todo lo que se te ocurra, lo más amable que tengas para decir sin mentir. Posiblemente por un tema como esos no querrás iniciar la tercera guerra mundial, ¿verdad?

Cuando hablamos de que la sinceridad sea el fundamento principal de sus conversaciones nos referimos a la ausencia de mentiras en las cosas que dicen y que hacen. No debería haber secretos ni engaños entre ustedes. La Biblia dice en Romanos 12.9 que el amor debe ser sincero, y que debemos aborrecer el mal, aferrándonos al bien. Y en el versículo 10 nos insta a amarnos, a respetarnos y a honrarnos mutuamente.

2. Saber escuchar

No puede ser casualidad que Dios nos haya dado dos oídos y solo una boca. ¡Que bueno sería usar cada cosa sabiamente! Cuando aconsejamos a parejas, una de las principales quejas siempre es: *"Mi pareja no me escucha. Intento e intento decirle lo que pienso, ¡pero simplemente no me escucha!"*

En su libro *"Cómo ganarse a la gente"*, John Maxwell cita a Herb Cohen cuando dice: *"Escuchar con efectividad requiere más que oír las palabras. Es necesario encontrar el sentido y entender lo que se dice. Después de todo, el sentido no está en las palabras sino en las personas"*. Por increíble que parezca, puedes oír a una persona hablar, pero no escucharla. Escuchar requiere enfocarse en la persona, y no solo en lo que dice.

Tal vez en estos meses que llevan saliendo juntos en algún momento hayan discutido porque uno sintió que el otro no le estaba prestando la atención requerida. Aunque tu mirada estaba orientada hacia su dirección, tus pensamientos se encontraban en cualquier otra cosa menos en lo que la otra persona estaba tratando de comunicarte. Es decir, estabas oyendo pero no escuchando. ¡Es tan fácil echar a volar la imaginación cuando alguien nos esta hablando! Por eso necesitas ejercitarte en escuchar a los demás con la debida atención.

Oír significa percibir con el sentido auditivo las palabras que se hablan. Escuchar involucra también los otros cuatro sentidos que te ayudan a entender las palabras que te dicen. ¿Te ha pasado alguna vez en la reunión dominical de tu iglesia que oías al pastor pero no le estabas prestando atención? Si alguien al final del servicio te hubiera preguntado qué te pareció el sermón, no hubieras sabido qué responder. Cuando oímos lo hacemos con nuestro sistema auditivo. Sin embargo, cuando escuchamos, entran en juego además otras funciones cognitivas, como poner atención, recordar, pensar y razonar.

Escuchar, en términos de comunicación, se denomina "escucha activa". Esto significa que no solo estas oyendo, sino que también pensando en el mensaje para comprenderlo de manera clara y completa. Te estás involucrando con el emisor: prestas atención a su tono de voz, analizas su estado de ánimo, lees entre líneas sus palabras para conocer su intención o su ánimo, y estás atento a cualquier otra señal que te ayude a comprender mejor el mensaje.

Cuando hablamos de aprender a escuchar a tu pareja, es importante que le hagas saber a la otra persona que realmente la estás escuchando. Si demuestras interés por el otro, resultará más fácil encontrar soluciones, aportar consejos, sacar conclusiones o al menos emitir algún comentario pertinente al tema en cuestión. Para esto puedes utilizar pequeñas estrategias que ayudan a que la persona sienta que la estás escuchando. Algunas de estas estrategias son:

♦ Mirar a la persona a los ojos.

♦ Gesticular mientras la escuchas. A través de tus gestos o ademanes puedes transmitir interés.

♦ Repetir algunas frases o ideas que pronunció durante la comunicación. *"Cuando fuiste a realizar el pago del salón para la boda..."*. De este modo podrá ver que la estabas atendiendo.

♦ Resaltar sus sentimientos. *"...te sentiste abrumada por los costos adicionales del salón."*

♦ Decir frases o palabras cortas mientras la otra persona habla, afirmando o apoyando lo que está transmitiendo. *"Claro... es cierto... terrible..."*

♦ Formular preguntas referentes al tema al finalizar. Esto evidenciará que estuviste pendiente de lo que la otra persona ha dicho.

Hoy en día, con toda la tecnología disponible, se ha vuelto un verdadero desafío prestarle atención al otro. El contacto visual y la actitud de escucha entre dos personas que están juntas en una misma mesa se han convertido en especies en extinción. Pero debemos luchar por recuperarlos, por el bien de nuestros matrimonios y de nuestras familias.

Si tienes alguna duda de que existe este problema, simplemente dedícate a observar lo que sucede en cualquier restaurante. Llega una pareja para una cena romántica. Posiblemente él correrá la silla para que ella se siente, y esperará que ella se acomode. Luego tomará su lugar, levantará la mano y llamará al mozo. Pedirán algo para beber, y se tomarán de las manos y comenzarán a conversar... A partir de ahí, puedes comenzar a tomarles el tiempo. Te aseguro que no pasarán más que unos minutos, y no muchos, hasta que alguno de los dos reciba un mensaje o alguna notificación en su celular, o incluso tal vez ella lo busque en su bolso para tomarse una fotografía juntos... ¡Ya está! Comenzarán a interactuar con terceros en sus redes sociales, o aprovecharán algún intervalo mientras el mesero sirve las bebidas o la comida para responder algunos mensajes de texto. El hecho es el mismo. La atención mutua ha sido invadida. Y ese encuentro ya no será igual.

Si esto ocurre con algunas parejas de novios en plena etapa de cortejo y de conocerse, ¡te imaginarás lo que ocurrirá cuando se casen! Hay parejas que lo último que hacen antes de cerrar los ojos para dormir es revisar su celular y ponerse al día con las últimas novedades en las redes sociales. Y al levantarse, antes de decirle "¡Buenos días!" a su cónyuge, se ponen al tanto de las primeras noticias en el mundo entero, y con las de cada una de sus "amistades", para luego desayunar rápido y salir corriendo para la oficina o el trabajo.

Para fortalecer tu relación y demostrar el interés que tienes en tu pareja, debes establecer ciertas pautas de comportamiento que te ayudarán a evitar que se desconecten por la falta de atención, y que más tarde su relación se vea afectada. Por eso es importante que tomes ciertos recaudos.

Lo primero sería identificar exactamente cuál o cuáles son las trabas que te dificultan el prestar atención, o que le hacen pensar a la otra persona que no estás interesado en lo que dice. Puede que seas demasiado impaciente, que subestimes al otro, que seas poco tolerante, que creas que ya lo sabes todo, o simplemente que te distraigas con facilidad. Estos son solo algunos de los obstáculos que podrías tener para enfocarte en la otra persona. Intenta encontrar los tuyos propios.

Si aún tienes dificultades para ser un buen escucha, te pasamos algunos sencillos consejos que pueden ayudarte:

- ♦ Elimina todo tipo de distractores que podrías tener a tu alrededor. Los aparatos tecnológicos, por ejemplo, podrían desconcentrarte e impedir que escuches bien a la otra persona.

- ♦ Cuida de no ponerte en una posición de defensa. Tener una actitud defensiva impedirá que interpretes con claridad a tu pareja. Si consideras que los reclamos o críticas son un ataque, tratarás de protegerte en lugar de intentar buscar una solución juntos.

- ♦ Ten una mente abierta para escuchar las recomendaciones, las ideas, o los argumentos del otro. Caso contrario, corres el riesgo de subestimar a la otra persona, hacerla sentir inferior u ofenderla.

- ♦ No te apresures a sacar conclusiones adelantadas. Enfócate en la persona, en sus sentimientos, en su percepción sobre el tema. Concéntrate en la persona completa, y no solo en sus palabras.

- ♦ Ponte siempre en el lugar del otro. La empatía te ayudará a entender mejor sus sentimientos y a ser más comprensivo.

- ♦ Da siempre lugar a la duda. Evita las suposiciones. Ante un mal entendido, escucha las razones y los argumentos de la otra persona antes de sacar conclusiones.

El esfuerzo de entrenar tus habilidades de escucha vale la pena. No te desanimes, porque si lo intentas con perseverancia cada vez te saldrá mejor. ¡Y tener la virtud de prestar atención hoy en día es todo un logro!

3. Empatía

La empatía es una cualidad que todos necesitamos desarrollar para comprendernos mejor, ya que no nace de manera natural en nosotros.

Siempre existirán dos perspectivas: la nuestra y la del otro. Pero todos necesitamos desarrollar la habilidad de ponernos en el lugar del otro, y de intentar comprender el universo emocional de la otra persona para poder entendernos mejor.

La empatía es considerada por los especialistas en inteligencia emocional como la piedra angular de cualquier interacción entre las personas. Sin embargo, tristemente hoy en día pocas personas la incorporan a su interacción de pareja.

La empatía es un principio que se menciona reiteradas veces en la Biblia. Como ejemplo, en Romanos 12.15 se nos dice que nos alegremos con los que están alegres, y que lloremos con los que lloran. Y el versículo 16 nos exhorta a que vivamos en armonía los unos con los otros, a no ser arrogantes sino solidarios con los humildes, y a no creer que somos los únicos que sabemos todo.

No puedes pretender que tu pareja siempre te comprenda y te preste atención, sino que tú también debes ponerte en su lugar, intentando ver la situación desde su cosmovisión para lograr entender cómo se siente.

Si hasta ahora la empatía no ha sido moneda corriente entre ustedes, no te preocupes. Puedes mejorar en esta habilidad con decisión y práctica. Pero para esto debes asumir una actitud abierta y sensible hacia el otro. Presta atención a los sentimientos de tu pareja y considera cuáles son sus intereses y motivaciones. Aparta tiempo para escucharla e intenta demostrar que te importa su punto de vista y que la comprendes. ¡Te aseguramos que funciona!

4. Respeto

En una ocasión leímos sobre una mujer que se había quejado con su vecina sobre el mal servicio recibido en la farmacia del pueblo. Esperaba que esta le dijese al dueño. Sin embargo, cuando volvió para realizar compras, el farmacéutico la recibió con una gran sonrisa, la saludó amablemente y agilizó sus pedidos. Al regresar a su casa, la mujer buscó a su vecina para contarle sobre la reacción del farmacéutico. Ella estaba segura de que esta vecina le había hablado al hombre de su descontento, y que por eso él había cambiado de actitud. ¡Cuán grande fue su sorpresa cuando la vecina le contó que en realidad había hecho todo lo contrario! *"En verdad,"* dijo la vecina, *"le comenté lo feliz que estabas por el servicio que habías recibido, y que considerabas que la farmacia era una de las que mejor atendía".*

Esta historia muestra una verdad universal. Las personas reaccionan mejor cuando sienten que son respetadas. El respeto incluye reconocer, aceptar y valorar las cualidades de una persona. ¿Cómo sienten que está el nivel de respeto entre ustedes dos? Algunas personas que no reconocen el valor del respeto gritan, insultan, menosprecian y ridiculizan los gustos y opiniones de otros. Esto ocurre porque no valoran a los demás. Si esto es algo que suele ocurrir entre ustedes, deberían prestarle atención. Es una luz roja que anuncia peligro.

Claro que puedes no estar de acuerdo con tu pareja en algo, e incluso discutir sobre todos los temas que quieras, siempre y cuando sea en el marco del respeto. Sin menosprecio ni agresiones.

Jesús instituyó la *regla de oro* cuando enseñó principios de vida en el recordado sermón del monte, y creemos que esta también es una regla perfecta para el marco del noviazgo y del matrimonio:

> *"Así que en todo traten ustedes a los demás tal y como quieren que ellos los traten a ustedes. De hecho, esto es la ley y los profetas".* (Mateo 7.12)

También Pablo, en el libro de Efesios, escribió:

> *"En todo caso, cada uno de ustedes ame también a su esposa como a sí mismo, y que la esposa respete a su esposo".* (Efesios 5.33)

El respeto es una respuesta de amor que les das a los demás. Y el respeto entre ustedes siempre sacará a relucir lo mejor de cada uno, y hará que ambos sean mejores personas cada día.

Capítulo VI

Resolución DE Conflictos

Un aspecto importante en cualquier matrimonio es generar un ambiente donde los problemas y desacuerdos puedan ser resueltos desde una actitud conciliadora y que lleve a un crecimiento como pareja. Si bien las discusiones y desacuerdos en el matrimonio no se pueden evitar ni se deben eludir, sí se puede lograr que sean menos terribles, y menos frecuentes. ¡Se puede disfrutar de una relación más armoniosa!

En este capítulo abordaremos el tema de la resolución de conflictos, y compartiremos algunos principios que a nosotros nos han ayudado a través de los años.

Inviertan tiempo en descubrirse y conocerse

¿Qué tan bien conoces a tu futura pareja? ¿Cuál es su pasatiempo favorito? ¿Qué tipo de películas son sus preferidas? ¿Cuál es su comida favorita? ¿Le gusta viajar? ¿Qué cosas le enojan? ¿Le gusta la lectura? ¿Le agrada ir a la iglesia? ¿Qué deportes le interesan?

Todas estas son preguntas muy básicas y sencillas, pero no por ser básicas dejan de ser importantes. La palabra *básica* proviene de *base*. Y, tal como lo mencionamos en capítulos anteriores, sin una buena base nada firme se puede construir.

Por eso es que la comunicación es crucial en toda relación de pareja, ¡y antes de casarse es el tiempo ideal para dialogar sobre los temas fundamentales! Son los momentos ideales para compartir sus deseos más profundos. Es la etapa perfecta para revisar si concuerdan ambos proyectos de vida. Desde lo más básico hasta los temas más complejos. ¿Qué sueñan? ¿Qué desean para el futuro? ¿Qué cosas les molestan? ¿Cuáles son sus mayores temores? ¿Qué les hace sentir realizados? ¿Qué cosas les apasionan?

Las preguntas e interrogantes que pueden surgir en estos tiempos de diálogo son infinitas, y las respuestas inacabables. No obstante, la etapa que están viviendo ahora como pareja -preparándose para casarse- es la etapa en la que no pueden subestimar ninguna conversación. Todos los temas son importantes y todas las preguntas pueden colaborar para que se conozcan mejor.

Nosotros mismos nos hicimos millones de preguntas antes de casarnos, y a medida que proyectábamos nuestra vida juntos. ¿En qué vamos a utilizar nuestro tiempo libre? ¿Qué rol tendrán nuestras amistades en nuestra vida juntos? ¿Cuáles serán las obligaciones con nuestras familias extendidas? ¿Dónde vamos a vivir? ¡Incluso hasta nos preguntamos si nos gustaría tener o no una mascota!

Cada tema, cada conversación, cada interrogante les llevará a no solo conocerse mejor, sino también a ir profundizando en cuestiones trascendentales para la futura vida en pareja. Es como ir pelando cada capa de una cebolla hasta llegar al centro, a lo más importante.

Tenemos más preguntas que pueden ayudarles: ¿Desearían tener hijos algún día? ¿Cuántos? ¿A los cuántos años de casados desearían empezar a buscarlos? ¿Qué actitud y decisiones tomarían si uno de los dos no pudiera tener hijos?

El tema de los hijos no es un tema secundario. Y aunque ahora lo vean lejano, vale la pena ponerse de acuerdo antes de casarse. Muchas personas tienen diferentes ideas y sueños al respecto, y resulta muy triste descubrir que ambos tenían proyectos muy opuestos una vez que ya dieron el "sí".

Algunos matrimonios saben desde un comienzo que desean tener muchos hijos. Otros optan por no tener ninguno. Otros eligen enfocarse primero en desarrollar su carrera profesional, o planean una vida de estudios que implicará viajes y mucha carga horaria de preparación académica, para luego de unos años encargar un niño o dos.

Los hijos son un regalo del cielo y una gran bendición para los padres, aunque podrían afectar algunos de sus planes y, por supuesto, alterar completamente su ritmo de vida y muchas de sus prioridades. Tener hijos implica entregar amor, dedicar tiempo y recursos, y el compromiso de guiarlos para que sean personas de bien que afecten positivamente su entorno.

La decisión sobre si tener hijos o no, cuántos y cuándo, la deben tomar antes de la boda. Tengan especial cuidado de ponerse de acuerdo en esto, para que no suceda que los sueños de uno de ustedes aplasten los del otro.

Al aconsejar a parejas jóvenes sobre este asunto, hemos observado que la mayoría no han conversado sobre si quieren hijos, cuántos y en qué momento. Conocer qué expectativas tienen con respecto a tener hijos es fundamental para evitar frustraciones más adelante.

Por otro lado, tal como lo mencionamos anteriormente, una conversación aparte que deben tener es sobre qué harán en el caso de que no puedan tener hijos. ¿Lo intentarían con tratamientos de fertilidad o fertilización asistida? ¿Estarían dispuestos a adoptar?

Estas son solo algunas preguntas que pueden usar como disparador para fomentar una comunicación más fluida sobre temas trascendentales, comunicación que también les ayudará a crecer como pareja. ¿Tienes una libreta de apuntes a mano? Este es el momento ideal para que invites a tu prometido/a a reflexionar y buscar respuestas juntos. No se apresuren, tómenlo con calma, e instalen entre ustedes el hábito de orar a Dios pidiendo dirección y sabiduría para tomar decisiones basadas en sus propósitos para su familia. Pídanle también que ustedes puedan lograr ponerse de acuerdo en aspectos cruciales para la pareja, conversando en paz y armonía.

Pongan límites sanos

Todo aquello que merece la pena lleva tiempo e inversión. Sin embargo, como ya mencionamos, muchos esperan que su cónyuge y su matrimonio sean perfectos desde la primera noche de la luna de miel.

Lo cierto es que para tener una buena relación de matrimonio hay que cimentarla sobre la confianza y la comunicación. Y esto requiere cuidado, responsabilidad y atención a una serie de detalles importantes.

Así como se debe cuidar el proceso para la fermentación de un buen vino, y así como un buen artista pacientemente va dándole forma a una escultura, o un pintor a su obra maestra, de la misma forma debemos dedicarnos a construir una buena relación basada en la comunicación y la confianza.

Uno de los descuidos que hemos visto que ha generado conflictos en la comunicación de algunas parejas, e inclusive serios inconvenientes en otras, afectando la confianza entre ambos, ha sido la interacción incorrecta de uno de los cónyuges con otra persona del sexo opuesto. Por esto es que la manera en que se van a conducir con las personas del sexo opuesto es un tema que tienen que conversar como pareja, incluso desde la etapa del noviazgo. Es fundamental que tomen una postura en cuanto a este punto, y que juntos establezcan ciertas reglas que ambos van a respetar.

Algunas sugerencias al respecto que queremos brindarte son:

♦ Evita intercambiar mensajes frecuentes e íntimos con personas del sexo opuesto. Hay personas que comienzan a escribirse por motivos laborales, de estudios u otros, pero luego la conversación se vuelve cada vez más fluida, más frecuente, y pasa también a otros temas. Esto lleva a que, en algunas ocasiones casi sin darse cuenta, uno se encuentre totalmente involucrado en la vida de la otra persona, y luego es muy difícil desprenderse. Esto puede afectar no solo la confianza con tu pareja, sino toda la relación. Mejor ahórrate posibles dolores de cabeza y presta atención a que esto no ocurra. No te expongas a ninguna situación que pueda ser malinterpretada, o que pudiera tentarte a hacer cosas indebidas.

♦ No lleves en tu vehículo a alguien del sexo opuesto si estás solo. Se podría dar a la salida de la universidad o del trabajo, que alguien te pida que lo acerques hasta algún lugar. Nuestra reco- mendación es que no lo hagas si tu cónyuge no está contigo.

♦ Una persona casada no debería tener un mejor amigo del sexo opuesto fuera de su matrimonio. Se supone que te has casado con tu mejor amigo/a, y que la fuente de tu contención emocio- nal viene de tu pareja. Es importante que seas muy cuidadoso con esto, ya que en los casos en que no se han tomado medidas al respecto, pronto las personas se encontraron muy vinculadas emocionalmente a terceros, y esto trae confusión, desconfianza y por supuesto otros tipos de problemas a la pareja.

♦ Si eres líder o estás sirviendo en algún ministerio de la iglesia, de seguro sueles dar consejería. Ten cuidado de no aconsejar a personas del sexo opuesto cuando se trata de temas íntimos, como por ejemplo cuando vienen a consultarte porque tienen problemas con su novio/a. Apenas veas venir ese momento de- bes ponerle un alto. No debes involucrarte en ese tipo de temas, y mucho menos escuchar los detalles de su relación de pareja. Siempre es mejor que antes de empezar dejes en claro que si se trata de consejos sobre el área sentimental o sexual, tú no puedes brindarle ayuda, pero que la/lo contactarás con alguien de su mismo sexo que sí la/lo podrá acompañar. Es mas, *siempre* en el liderazgo y el ministerio es recomendable que los hombres atiendan y aconsejen a los hombres, y que las mujeres ministren y aconsejen a las mujeres.

♦ Ten cuidado con el contacto físico con personas del sexo opues- to. No deberías andar abrazando, besando o dándoles muestras de afecto a otras personas que no sean tu pareja. Ni siquiera cosas "inocentes", como arreglar su cabello o elogiar su belleza física, son apropiadas para alguien que tiene un compromiso.

La Biblia nos recomienda en 2 Timoteo 2.22 que huyamos de las ma- las pasiones de la juventud, y que nos esmeremos en seguir la justicia, la fe, el amor y la paz, junto con los que invocan al Señor con un co- razón limpio. Esto significa que cuando tienes un compromiso ya no se trata solo de tus intereses, de tu bienestar, de tu perspectiva de la vida y de tus cosas. También se trata de la persona que está a tu lado.

Hay decisiones que debes tomar solamente basado en el amor a Dios y a tu pareja. Si amas a otra persona, no haces nada que pudiera afectarla u ofenderla. En 1 Corintios 13 se nos dice que el amor no hace nada indebido, no busca lo suyo, no se comporta con rudeza, y no es egoísta.

Todo en la vida es un proceso. Desarrollar una amistad en la relación lleva tiempo de compartir, y de establecer límites y pautas de conducta. Estos límites, a su vez, contribuirán a que aumente el respeto y la confianza entre ustedes a medida que transcurra el tiempo.

Creen una buena atmósfera con detalles románticos

No solo en el noviazgo debe haber romanticismo. En el matrimonio también hay que trabajar este aspecto de manera intencional.

Normalmente las mujeres se quejan de que los hombres son menos románticos. Por su parte, los hombres en general opinan que las mujeres son demasiado sentimentales. Lo cierto es que el romance hoy en día es un artículo de lujo en la mayoría parejas. Sin embargo es de vital importancia para la relación que, cuando termine la etapa de conquista y de noviazgo, y se casen, mantengan la llama de la pasión y el romance encendida.

En ocasiones el romanticismo es mal entendido, y tal vez esto contribuye al problema. Hay personas que creen que ser romántico tiene que ver con hacer reservas para cenas íntimas en restaurantes caros, o invertir gran parte de sus finanzas en salir de vacaciones a lugares paradisíacos. Aunque todo esto suena muy bien, el romance en su más pura esencia tiene que ver más bien con detalles cotidianos. Tiene que ver con el trato brindado, con la consideración, el respeto y la actitud hacia el otro. Por ejemplo prepararle el café en la mañana, ver una película abrazados, enviar un mensaje de texto expresando cariño en medio de la rutina cotidiana, organizar una cena romántica de sorpresa (aunque no sea en el restaurante más caro de la ciudad), todos estos son detalles que mantienen cada día la llama del romance viva en una pareja.

Además, la manera como tratas a tu cónyuge influye grandemente sobre la atmósfera del hogar, y el día de mañana tus hijos también agradecerán que ustedes se traten con cariño y con respeto.

Elogien en público

Hay muchas personas que solo hablan de su cónyuge cuando quieren quejarse o desahogarse, o contar algún chisme indiscreto sobre la relación. ¡Esto es tan triste y vergonzoso! Además, en general es muy incómodo para el que escucha. ¡Si no tienes nada positivo que decirle a los demás sobre tu pareja, mejor guarda silencio!

Elogia a tu pareja con palabras positivas, sinceras y significativas. Llénala de comentarios que resalten sus logros, sus aptitudes y sus fortalezas. Y no solo lo hagas en privado. Hazlo también delante de otros. Resaltar a alguien en público aumenta el valor que la persona siente por ella misma. A todos nos hace bien sentirnos apreciados, y además los elogios afirman el corazón de quien los recibe.

Por eso te instamos a que desarrolles el hábito de hablar bien de tu pareja. ¿Tienes tu libreta de notas y un lápiz a mano? ¿Puedes anotar ahora mismo tres características de tu pareja por las cuales le darías gracias a Dios? ¡Estamos seguros de que si realmente amas y valoras a esa persona tu lista será mucho más extensa! Ahora escoge algunas de esas cualidades y busca deliberadamente el momento para elogiarla por ellas frente a otras personas. Intenta hacerlo varias veces esta semana, y luego continúa hasta que se te transforme en un hábito.

Recuerda que al elogiar en público a la persona que amas, la estás bendiciendo. "Bendecir" literalmente significa "bien decir", o sea,

¡hablar bien! Busca la oportunidad de pronunciar palabras de amabilidad, de bondad, de edificación, de buenos deseos y de amor.

Recuerda: cuando las cosas que vas a decir acerca de tu pareja son positivas, es bueno que lo hagas en público. Hazlo delante de amigos, compañeros, familiares, y el día de mañana hazlo también delante de sus hijos... ¡que el mundo entero sepa que consideras que tienes a tu lado a una persona maravillosa!

Hablen de las debilidades en privado

Las fricciones, descontentos, conflictos y desconciertos son parte de la vida en general, y también de la vida de pareja. Es inevitable que en una relación haya algunos momentos de tensión y confrontación. Lo que sí se puede evitar es que un momento de desacuerdo o de enojo se transforme en algo más grande. Entonces, ¿cómo manejar los conflictos?

Comencemos por aclarar que hay diversos tipos de discusiones que podrían tener. A veces aparecerán desacuerdos por temas triviales como dónde ir a cenar, y otras veces los conflictos pueden emerger a causa de cuestiones más graves y delicadas. Sean cuales fueran los motivos de su desacuerdo, ustedes deberán aprender a manejar las situaciones con madurez y con la perspectiva correcta.

Dejarse llevar por un arranque de ira, gritar, insultar, ser sarcástico o atacar a tu pareja con improperios o palabras hirientes, no solo no ayudará nada a la situación sino que la hará peor. Y será mucho más grave si lo haces delante de otras personas.

Parece increíble, pero hay parejas que en las reuniones sociales empiezan a burlarse o mofarse de sus cónyuges, contando alguna situación vergonzosa o privada. Otras se acusan mutuamente, criticando y exponiendo los defectos de su cónyuge ante todos. Esto no solo es desagradable para la otra persona, sino también para todos los presentes.

Ni en la etapa de noviazgo ni luego en el matrimonio es correcto exponer a tu pareja frente a otros. Hay personas que creen que son simpáticas lanzándole indirectas sarcásticas a su esposa delante de otras personas, incluso extraños, o haciendo chistes con respecto a algún defecto de su marido o algún error que haya cometido. ¡Cómo no se dan cuenta de lo destructivo que es esto para la otra persona y para la relación!

Las palabras tienen poder para construir y también para destruir. La Biblia dice en Proverbios 4.23 (versión NVI): *"Por sobre todas las cosas cuida tu corazón, porque de él mana la vida"*. Y el mismo versículo en la versión NTV dice: *"Sobre todas las cosas cuida tu corazón, porque este determina el rumbo de tu vida"*. Presta atención a que tus palabras cuiden también el corazón de tu esposo/a, tanto en público como en privado.

Así como mencionamos que los elogios delante de otros otorgan valor, así también la exposición vergonzosa produce en el otro una baja autoestima, además de dolor y rencor. ¡No tienes idea del daño que producen las palabras negativas, las acusaciones, los chistes de doble sentido, y las indirectas indiscretas que puedas hacer en público sobre tu pareja! Si crees que es divertido hacerlo, o que no es malo porque tu intención no es lastimar, permítenos recordarte lo que hablamos sobre la percepción: ¡necesitas colocarte en los zapatos del otro por un rato e intentar sentir lo que su corazón siente!

Cuando tu pareja comete errores, tiene actitudes que te molestan, o algo que te parece fuera de lugar o te hace sentir incómodo, siempre es mejor discutir estos puntos en privado y no ventilarlos en público. Hablen al respecto, lleguen a acuerdos, corrijan los errores, pero hagan todo esto con respeto y valoración mutua. Hagan que sus discusiones vayan al punto, y que sean objetivas, buscando juntos soluciones a futuro. No sigan arrastrando los trapos sucios de viejos desacuerdos.

A continuación compartimos con ustedes algunas pautas que pueden resultar útiles para una mejor resolución de conflictos:

Busquen un lugar privado para discutir: Que sea un lugar a puertas cerradas. No lo hagan frente a amigos o familiares, y mucho menos frente a sus hijos. Pónganse de acuerdo de antemano en que esperarán a llegar a un lugar donde se encuentren solos para discutir, de manera que puedan resolver sus desacuerdos en privado.

Esperen el momento adecuado para conversar: Si hay demasiada ira de por medio, tratar de discutir sobre el tema sería como echarle un galón de gasolina a una pequeña llama de fuego. Esperen un tiempo prudencial. Eso les dará a ambos la oportunidad de calmarse y de abordar la situación con menos acaloramiento. Aclaración importantísima: no posterguen su conversación más de lo debido, ni le hagan la vista gorda al problema. No crean que olvidando el desacuerdo simplemente se resolverán las cosas, porque no sucede así.

Mantengan la perspectiva correcta: No se trata de encontrar culpables, se trata de buscar soluciones. No es un debate donde tiene que haber un ganador y un perdedor. Si quieren solucionar sus diferencias, no pierdan el foco, apunten al problema en cuestión y no pierdan tiempo atacándose mutuamente.

Busquen un enfoque de ganar-ganar: Intenten encontrar un modo en el que ambos ganen. Esto puede conseguirse a través del acuerdo, y buscando soluciones creativas a los problemas. A nadie le gusta sentir que su opinión no es escuchada ni valorada. Cuando se llega a una "solución" que solamente beneficia a uno de los dos, la sensación de haber "perdido" se acentúa y así surgen los resentimientos y los reproches. Hay hogares que parecen un campo de batalla, donde cada uno está más preocupado por salirse con la suya que por construir un futuro hermoso juntos. Cuando encuentran soluciones en las que ambos ganan, esto pone un fundamento sólido para que la interacción entre ustedes sea positiva.

Fíjense en los patrones más que en los sucesos puntuales: Una cosa es si tu pareja te interrumpió recién cuando hablabas; otra distinta es si lo hace constantemente. No estés persiguiendo al otro por cada pequeño error. Más bien fíjate en los patrones de conducta que se repiten y que afectan a la relación, para concentrarse en corregirlos juntos.

Concéntrense en la redención y no en la condenación: En Gálatas 6.1 leemos: *"Hermanos, si alguien es sorprendido en pecado, ustedes que son espirituales deben restaurarlo con una actitud humilde. Pero cuídense cada uno, porque también puede ser tentado"*. No debemos ser rudos ni actuar con una actitud condenatoria, porque nosotros mismos estamos tan necesitados de gracia como los demás. El juicio genera alejamiento y causa destrucción. En cambio, cuando discutimos con un enfoque de redención, instamos al otro a confesar, a arrepentirse y a ser restaurado. De esta manera damos espacio a Dios para que ningún pecado se interponga entre nosotros. El señalar al otro con un dedo acusador no logra nada bueno. El buscar una confrontación clara y sincera en un marco de amor conduce a la resolución de los conflictos.

Si se equivocan, pidan perdón, resuélvanlo y continúen unidos

¿Quién no anheló alguna vez poder viajar al pasado y tener la posibilidad de arreglar todas las metidas de pata cometidas, regresando al presente sin cuentas pendientes ni cabos sueltos? ¡Qué fácil sería la vida así! Lamentablemente esto solo ocurre en las películas, y no es posible en la vida real...

La vida es una secuencia de decisiones, y cada decisión que tomamos tiene consecuencias o recompensas, dependiendo del tipo de elecciones que hagamos. El lugar en el que estamos hoy es el lugar al que nos trajeron nuestras decisiones pasadas, y nuestro futuro estará definido por las decisiones que tomemos hoy.

Por supuesto que en nuestro historial de vida tendremos buenas decisiones que nos han traído grandes satisfacciones. Pero seguro también habrá algunas decisiones malas que nos han causado dolor, vergüenza o frustración. Los errores son parte de la vida. Claro que la vida sería más sencilla sin errores, pero todos sabemos que no es posible vivir sin equivocarnos.

Cuando planifiquen su vida juntos, tienen que tener en cuenta que seguramente cometerán errores. Lo importante es saber cómo reaccionar cuando esto ocurra. Una falla, una mala decisión, una equivocación, una mala elección, un pecado, no deberían ser el final de todo. ¡Si así fuera, ninguno de los seres humanos podríamos tener la más mínima esperanza de salir adelante en la vida! Un error podría ser un escalón hacia un nuevo nivel de aprendizaje y madurez, si así lo decidimos.

Es imposible vivir sin cometer errores, pero también es cierto que podemos equivocarnos menos. Es imposible que nunca pequemos, pero podemos pecar menos y rendir cuentas día a día, convirtiendo cada error en una lección. ¡De hecho, nuestros mayores errores deberían ser nuestros mejores maestros! Cuando convertimos un error en una lección, entonces crecemos y maduramos.

¡No debes vivir con culpa, condenándote a ti mismo por tus faltas! Si te has arrepentido y has pedido perdón a Dios por tus errores, están como deberían estar: borrados.

La Biblia resalta esta cualidad de Dios cuando dice: *"El volverá a tener misericordia de nosotros; sepultará nuestras iniquidades, y echará en lo profundo del mar todos nuestros pecados"*. (Miqueas 7.19, RVR60)

Recuerda: Dios es especialista en borrar pasados, para que podamos escribir nuevos futuros. Él arroja nuestros pecados al fondo del mar y no los recuerda nunca más. ¿Para qué arrojaría alguien algo a las profundidades del mar si luego piensa ir a buscarlo nuevamente? No, Dios no piensa recordarte tus errores del pasado.

Sabemos que tal vez estés pensando: "Claro, eso suena muy bien cuando se trata de errores que son de muchos años atrás, porque ya casi ni yo los recuerdo, ¿pero qué pasa si son recientes?". La buena noticia es que el perdón y la misericordia de Dios ¡son nuevos cada mañana! ¡Aférrate a sus promesas! Si entregas todo en sus manos, Dios borra tu pasado, redime tu presente y bendice tu futuro.

Lo importante aquí es que puedas aprender y apartarte de aquellas cosas que sabes que te están perjudicando y que tienen el potencial de dañar a otros también. Si te das cuenta de que tú solo no puedes, la mejor decisión será pedir ayuda cuanto antes. Busca compartir tus luchas con algún líder, un mentor, o algún adulto que demuestre madurez emocional y espiritual, para que puedan acompañarte en el proceso de ser libre de aquello que te está dañando.

Del mismo modo, mantén esta misma perspectiva cuando tu prometido/a cometa algún error. Si recibiste perdón por gracia, ofrece perdón de la misma forma.

la importancia del perdón

Perdonar, más que un sentimiento, es una decisión de madurez. En su libro *"Amor en los tiempos de Facebook"*, nuestro queridísimo Dante Gebel comenta lo siguiente:

> *"Aprende a pedir perdón, y no tengas problema para concederlo de la misma manera. Por otro lado, no hagas del pedir perdón una cultura ni un campeonato.*
>
> *Se supone que debes querer y poder aprender de tus errores, ya que los errores te han llevado justamente a pedir perdón. Pedir perdón y volver a cometer el mismo error una y otra vez, suena a falta de respeto, a un juego practicado por un gran inmaduro."*

Si te equivocaste al usar un tono de voz inadecuado, o pronunciaste palabras que hirieron, o metiste la pata envolviéndote en cosas que tenías que haber evitado, pide perdón. Aun cuando creas que no cometiste agravio alguno, si tu prometido/a se sintió ofendido, solo hazlo. Pide perdón. Sabemos que muchas veces cuesta. Se requiere franqueza y humildad para pedir perdón. ¡Pero vale la pena!

Lewis B. Smedes decía: *"Perdonar es el invento de Dios para hacer frente a un mundo en el cual las personas son injustas unas con otras y se hieren muy profundamente. Él comenzó por perdonarnos y nos invita a perdonarnos unos a otros".*

Perdonar no solo tiene que ver con olvidar las ofensas, sino con no perpetuar un estado de dolor, angustia o depresión. Perdonar tiene que ver con poner al ofensor en el mismo lugar que ocupaba en tu vida antes de ofenderte. Tiene que ver con superar los embates que has recibido. Es buscar salir adelante a pesar de lo doloroso que pueda resultar el proceso. Perdonar es entender que puedes encontrar a Dios en medio del dolor y cambiar lo que era para destrucción en madurez y fortaleza. En las insuperables palabras de Mark Twain: *"El perdón es el aroma que regala la violeta a la rueda que la ha aplastado"*.

El perdón tiene que estar presente en tu relación con Dios, y tiene que ser una realidad en tu relación con tu futuro cónyuge. A decir verdad, debería ser una realidad en todas tus relaciones interpersonales, ya que de otro modo el fracaso es seguro. El perdón es un estilo de vida. Aprende a dar y a recibir perdón. Es un ingrediente indispensable para que la relación con tu cónyuge perdure y florezca a lo largo de los años.

Capítulo VII

el MANEJO
de las
FINANZAS

El cómo decidan manejar sus finanzas será un tema crucial para el desarrollo de una relación sana, o conflictiva. Los problemas económicos, y principalmente las deudas, traen altos niveles de estrés y ansiedad a las personas y a las relaciones. Lo increíble es que, en la mayoría de los casos, ¡pudieron haberse evitado!

Desde el comienzo de la relación, el tener buenos hábitos en el manejo de su dinero será fundamental. Tengan en cuenta que algún día llegarán los imprevistos, situaciones que no esperaban y a las que tendrán que hacer frente. Por lo tanto, al iniciar su vida juntos será fundamental ponerse de acuerdo en temas tales como el ahorro, el honrar a tiempo sus deudas para así evitar pagar intereses, el no comprar o alquilar una casa más grande de la que verdaderamente necesiten, o incluso el no planear una boda que exceda su capacidad de pago.

Desarrollen una mentalidad de prevención. Si están preparados para los imprevistos, podrán contrarrestarlos. Después de todo, lo malo es que en algún momento con seguridad vendrán, ¡pero lo bueno es que no vienen todo el tiempo!

Cuando nosotros nos casamos, nuestra situación económica estaba, por decirlo de algún modo, "en proceso de desarrollo". Ambos trabajábamos para pagar nuestros estudios, y por lo tanto la situación requería una serie de acuerdos y decisiones importantes con respecto a cómo íbamos a conducirnos, al menos en nuestros primeros años de casados, en el área financiera. Sabíamos, por ejemplo, que la casa donde viviríamos nuestros primeros años debía ser acorde a lo que podíamos pagar. Sabíamos también que deberíamos revisar nuestros costos fijos, evitar compras innecesarias y planificar bien nuestras futuras inversiones. Con esto en mente, elegimos el lugar que rentaríamos para vivir, y adquirimos nuestro primer vehículo. Desde el principio decidimos vivir conforme a nuestra realidad económica, y esto nos evitó muchos sufrimientos futuros.

La mayoría de los jóvenes, cuando se están por casar, no dimensionan por completo la importancia de una buena administración financiera. La presión social a veces provoca que las parejas incurran en gastos millonarios para la fiesta de bodas, se embarquen en lujosísimos viajes de luna de miel, renten casas enormes y costosas, compren autos carísimos en interminables cuotas... todas cosas que exceden ampliamente su realidad financiera del momento. Si bien es cierto que todo el mundo sueña con tener hermosos recuerdos del día de la boda y de la luna de miel, también es cierto que hay formas más baratas de conseguirlos, y que por muy lindo que sea todo esto no vale la pena iniciar su matrimonio con grandes deudas, las cuales retrasarán su progreso en otras áreas y derivarán en estrés y problemas en su relación.

El problema hoy es cada vez más grande porque a las presiones que siempre existieron se les suma la influencia que ejercen las redes sociales. Cuando sus contactos comparten "la vida perfecta", los viajes costosos, y lo bien que la pasan en su casa con piscina, muchos no quieren quedarse atrás y hacen lo que sea para tener las mismas vacaciones soñadas y una casa igual de grande y costosa, para luego compartirlas con orgullo en las mismas redes sociales. Aunque en esto se hipotequen el futuro. (Al respecto hay estudios que revelan que en el 30% de los casos de las personas que sufren de ansiedad y depresión, esto en parte tiene que ver con contrastar la propia realidad con las publicaciones de sus amigos en las redes sociales.)

Aunque no conozcamos mucho de finanzas, lo cierto es que todo el tiempo nos encontramos tomando decisiones financieras. Cada día salimos de nuestras casas a trabajar para ganar dinero, y luego elegimos cómo administrarlo, escogiendo la forma en que lo gastaremos o en que lo invertiremos, y decidiendo si haremos algún viaje o si cambiaremos el automóvil. Nosotros decidimos si vamos a usar ahorros para cubrir determinados gastos, o si pagaremos en cuotas. Hacemos algunas compras con efectivo, y otras con tarjetas de crédito. ¡De alguna manera todo el tiempo estamos tomando decisiones con respecto a nuestra economía!

La diferencia radica en si estas serán decisiones emocionales o previamente analizadas y acordadas. Pero sea como sea, el asunto es que cada día vamos moldeando nuestra vida financiera y condicionando, para bien o para mal, nuestro futuro.

En cada etapa de nuestras vidas, nuestras decisiones y nuestra interacción con las finanzas irán cambiando y evolucionando. No es igual cómo manejas el dinero cuando tienes 20 años y estás soltero, que cuando tienes 35 años y estás casado. Y no es lo mismo cuando tienes 40 años y tienes hijos pequeños, que cuando tienes 60 y ya tus hijos están casados. Las preferencias cambian, las necesidades también. Los desafíos son diferentes en cada etapa. Pero sea cual fuere la etapa que estemos viviendo, siempre estaremos cara a cara con las decisiones de cómo ganaremos, cómo gastaremos, cómo ahorraremos, o cómo invertimos nuestro dinero. Si dedican tiempo a prepararse para encarar esta área de la vida durante la etapa prematrimonial, tendrán mayores posibilidades de tomar mejores decisiones ahora y en el futuro.

Salmos 37.25 dice: *"He sido joven y ahora soy viejo, pero nunca he visto justos en la miseria, ni que sus hijos mendiguen pan"*. David, quien escribió este salmo, tuvo que atravesar una serie de crisis familiares. En su vida hubo buenos momentos, pero también atravesó grandes angustias y controversia. Sin embargo, conforme el paso del tiempo, y ya siendo anciano, escribe estos versos afirmando y reconociendo que a través de todos los años de su vida, sin importar cuán inestable fuera la situación, de algo podía estar seguro: No había visto ningún justo desamparado ni en pobreza. ¡David había experimentado y comprobado la fidelidad y la provisión de Dios para aquellos que le aman y le reconocen en sus caminos!

Algunos consejos financieros

Luego del gran día de la boda comienza una etapa de adaptación en la pareja. Todo es nuevo y maravilloso, pero también puede que el proceso de la convivencia no resulte tan sencillo como esperaban. Y más aún cuando a todo este proceso de adaptación le sumamos problemas en el manejo del dinero, o problemas financieros que alguno, o ambos, vinieran arrastrando de su vida de soltería.

Por alguna razón, una de las principales causas de peleas, disgustos, separaciones y hasta divorcios en matrimonios jóvenes tiene que ver con las cuestiones financieras. Lo triste es que muchos de estos problemas podrían haberse evitado si se hubieran tomado el tiempo necesario durante el noviazgo para conversar y decidir juntos cómo manejarían las finanzas de la pareja. ¡Deben hablar sobre esto incluso antes de comenzar a planear la fiesta de bodas!

Puede que no suene muy romántico, pero el tema del manejo del dinero es un tema que se debe conversar cuanto antes. Deben llegar a conclusiones sólidas en las que ambos estén de acuerdo, mucho antes de dar el "sí" en el altar.

El reconocido Zig Ziglar decía: *"No es lo que tú tienes, sino cómo usas lo que tienes lo que marca la diferencia".* Estas palabras pueden ser perfectamente aplicadas al área financiera. Creemos que lograr y mantener en el tiempo la tan anhelada libertad financiera no es imposible. Y, aunque tal vez nunca estemos completamente a salvo de los sofocones económicos, sí hay algunos pasos que los pueden ayudar a que los problemas de dinero no sean una constante en su futura vida matrimonial. Por eso les dejamos aquí algunos consejos que deberían tener en cuenta:

1. Busquen, desde el noviazgo, delinear juntos medidas claras para mantener una vida financiera saludable.

Recuerden que el matrimonio es aventurarse a vivir la vida juntos, y esto es un proceso que lleva muchos ajustes de por medio. Los primeros tiempos son tiempos de aprender a combinar las costumbres y gustos de cada uno, y también es una etapa de adaptación en todos los ámbitos de vida de la pareja.

Hoy en día se ha vuelto frecuente que las parejas se casen cada vez a una edad más madura. Muchos esperan hasta cerca de los treinta años o más para tomar la decisión de casarse. Al hacerlo, entonces, llegan al matrimonio combinando una vida profesionalmente desarrollada y una vida financiera ya establecida. En este tipo de casos, la mayoría ya tiene una carrera universitaria y una profesión. Incluso algunos ya tienen su vida laboral resuelta, y hasta cuentan con propiedades como casas, terrenos, negocios propios, un vehículo... y por supuesto una vida financiera ordenada a su manera particular, con cuentas bancarias, préstamos para inversión o hipotecarios, y ese tipo de cosas. Si la otra persona no cuenta con nada de esto, o si solo ha desarrollado un pequeño porcentaje en comparación con lo antes mencionado, esto genera que la situación sea un tanto despareja. En este caso deberán ponerse de acuerdo en cómo organizarse. Esto por supuesto requiere mucho tacto y mucha atención, ya que las diferencias podrían acarrear discusiones y rencillas, sobre todo si uno acusara al otro de que él "aportó" más al matrimonio, o si el otro empezara a utilizar mal las finanzas y a derrochar lo que con tantos años de trabajo y dedicación había conseguido el otro. Si consideran que necesitan ayuda, busquen asesoramiento de un experto en el tema. Al buscarlo, asegúrense de que sea una persona que se maneje con los valores y principios financieros de la Biblia.

Por supuesto que damos por sentado que la decisión de casarse no está basada en la situación financiera de cada uno, pero es vital que cada uno conozca cómo se encuentran sus finanzas y las del otro, y cuáles serían las acciones necesarias para seguir llevando adelante una vida financiera saludable. También deben conocer si hay deudas o préstamos que devolver. Recuerden que a partir del momento de la boda ya no sea "mi dinero" y "tú dinero", "mis propiedades" y "tus propiedades", ni "mis deudas" y "tus deudas", sino que todo esto se convertirá en "nuestro dinero", "nuestras propiedades", y "nuestras deudas". Por lo tanto, cada uno debe conocer en qué situación financiera se encuentra el otro aún desde la etapa de noviazgo, para saber en qué se está embarcando. Y es determinante que puedan conversar sobre cómo conducirán su vida financiera juntos, de ahora en adelante.

Pregúntense entre ustedes: ¿Tendrán cuentas corrientes separadas o en común? ¿Quién se ocupará de hacer los pagos? ¿Cómo manejarán las decisiones en cuanto a los gastos y las inversiones? ¿Las compras se harán en efectivo, con tarjeta de crédito o con cheques? ¿Quién será el responsable de revisar el balance financiero de cada uno y/o el de la familia en común?

Al leer este capítulo o meditar sobre el tema tal vez les surjan más ideas. ¿Qué otros interrogantes referidos a este tema creen que sería importante conversar? Anótenlos en su libreta para cuando se sienten a conversar al respecto.

2. Eliminen sus deudas personales y pongan en orden su historial financiero

Como ya hemos mencionado en capítulos anteriores, es importantísimo que como pareja tengan un tiempo para compartir sus historias de vida personales. Es muy normal que las parejas compartan sobre su pasado sentimental, pero no siempre se habla sobre las deudas contraídas y que todavía no han sido canceladas. A veces incluso hay problemas judiciales o legales a los que se llegó por falta de pago, y muchas otras aristas de la vida financiera de cada uno que potencialmente puedan afectar la economía de la pareja y toda su relación futura.

¿Cómo está tu estado e informes de créditos? ¿Alguna vez te han entablado alguna demanda? ¿Te has declarado en quiebra en algún negocio, o has sufrido algún embargo de tus bienes por temas de incumplimiento financiero? Todo esto forma parte de tu antecedente financiero, y es muy importante que no solo hablen de estos temas sino que cada uno pueda verificar su informe y el de su futuro esposo/a antes de casarse. Así como no se lo esconderías a tu novio/a si padecieras una enfermedad, así también es justo que cada uno sepa con claridad si la salud financiera del otro está en orden, para poder saber exactamente en qué se está metiendo.

Sin duda alguna, lo más recomendable sería cancelar todas las deudas antes de casarse, y arreglar todos los problemas legales en el caso de haber incurrido en alguno, ya que todo esto podría generar altos niveles de estrés dentro de la pareja. Lo ideal sería que cada uno pueda ponerse al día en sus cuentas personales pendientes, y así ingresar libres de deudas y de problemas al matrimonio.

En el caso de que la solución o la cancelación de las deudas llevara más tiempo, lo fundamental es que puedan conversarlo juntos y diagramar un plan de pagos que les ayude a salir de las deudas pendientes. ¡Sería horrible que aparecieran sorpresivamente en los primeros meses de matrimonio, o más adelante!

En cierta ocasión nos tocó mediar en un matrimonio que llevaba pocos meses de casados. El esposo no había sido honesto con ella. No le había contado que tenía demandas por deudas y que parte de su salario había sido embargado. Cuando solicitaron un crédito para obtener su primera casa, el banco los rechazó, dando las razones... Y fue recién en ese momento que la esposa conoció el verdadero estado financiero de su cónyuge. Como era de esperar, esta situación casi llevó al quiebre de la relación, ya que la esposa se sentía engañada. Si este joven hubiese apostado por la transparencia, la situación hubiese sido muy diferente.

También es importante hablar de cualquier otro tipo de situaciones que pudieran afectar la vida financiera de la familia que están por comenzar. Por ejemplo, deben conversar sobre el tema si alguno de los dos tiene inestabilidad laboral, o si acaba de quedarse sin trabajo, o si no lo consigue. También en el caso de que uno de ustedes tenga responsabilidades económicas adicionales con hijos de una relación anterior, o en el caso en que uno de los dos deba sostener económicamente a sus padres, o ayude a algún familiar enfermo. Todas estas son variables a considerar a la hora de poner en orden las finanzas, de modo de ingresar al matrimonio con las cuentas claras.

3. Tomen sus decisiones financieras cuanto antes- y JUNTOS

En la vida de pareja siempre habrá discusiones y desacuerdos, por un sinfín de motivos. Algunas razones pueden ser válidas y otras son totalmente intrascendentes, como haber olvidado sacar la basura, dejar tirado un calcetín en el piso, no levantar la tapa del inodoro al usarlo (si eres hombre, ¡nunca lo olvides, o el resultado puede ser fatal!), o dejar la toalla sin extender luego de usarla (¡que no te pase esto, o prepárate para la Tercera Guerra Mundial!). Los maridos regañan a las mujeres por olvidarse de comprar frutas en el supermercado, o por no recoger las camisas en la lavandería... La lista podría ser interminable, y visto así parece ridículo, ¡pero lo cierto es que por estas y otras cuestiones similares se generan tremendas discusiones!

Por otro lado, hay otros temas más serios que requieren tiempo de diálogo para llegar a buenas conclusiones y a buenos acuerdos. Y en el tema financiero justamente eso es lo crucial: ¡Deben estar de acuerdo! ¿Qué es ponerse de acuerdo? Significa evaluar juntos la situación y buscar una salida o solución para así mantener el buen rumbo y la armonía en la relación.

La Biblia presta mucha atención al dinero. Por ejemplo en 1 Timoteo 6.10 se nos advierte: *"...el amor al dinero es la raíz de toda clase de males. Por codiciarlo algunos se han desviado de la fe y se han causado muchísimos sinsabores"*. Tristemente, esto es cierto. Vemos personas más pendientes de ganar dinero que de sus propias familias. Por eso ustedes, en salvaguarda de su futuro matrimonio, construyan desde ahora su vida financiera basándose en los principios que Dios enseña en su Palabra, y no en los valores de la sociedad actual.

Los temas relacionados con el dinero históricamente han sido causa de divisiones, malos momentos y problemas indeseados en muchas parejas. Por eso nuestra recomendación es que aparten periódicamente un tiempo para controlar, evaluar y poner en orden sus finanzas. Esto les ahorrará muchos dolores de cabeza innecesarios.

Recuerden que ambos provienen de realidades diferentes. La actitud que cada uno de ustedes tenga respecto al dinero probablemente será la que aprendieron de sus respectivas familias. Tal vez uno de ustedes provenga de una familia con una posición económica holgada, en donde no han conocido las restricciones ni la escasez. O de una familia en la que a pesar de no tener necesidades económicas siempre han sido tacaños o poco generosos. O de un contexto familiar donde vivían muy ajustados y no podían darse el lujo de gastar en ciertas cosas. Hay miles de posibilidades, y cada familia es diferente.

Conversen: ¿Cómo manejaban sus padres el dinero? ¿Solían tener deudas? ¿Despilfarraban su dinero? ¿Eran egoístas, o generosos? ¿Centraban sus relaciones en el dinero? ¿Lo perdían en vicios u otros malos hábitos? Todos estos aspectos y otros más son los que moldearon su punto de vista respecto al dinero. Por lo tanto, la perspectiva que cada uno tenga sobre el dinero, la importancia que le da, cómo lo gana y de qué forma lo gasta, dice mucho de cada uno. En este punto también podrán identificar las malas costumbres en cuanto al manejo del dinero que cada uno de ustedes pueda tener, de modo de decidir juntos qué acciones correctivas tomarán a fin de evitar repetir los mismos errores de sus padres en el matrimonio.

Aquí les dejamos otra lista de cuestiones sobre las cuales les será útil conversar. Su éxito financiero dependerá en gran parte de las decisiones que tomen juntos en aspectos tales como los siguientes:

Escoger, de entre los dos, quién administrará las finanzas

Salvo en casos excepcionales, en cada pareja siempre uno de los dos tendrá mayor facilidad con el manejo de las finanzas, o mejores dotes administrativas que el otro. Por eso es bueno que se pongan de acuerdo en quién manejará las cuentas y realizará los pagos, a fin de garantizar una economía familiar ordenada y sana.

Lógicamente, aunque uno sea más idóneo en el manejo del dinero y la administración, eso no le da potestad de tomar las decisiones solo. El "administrador" no puede comprar, invertir o usar las finanzas a su antojo. Recuerden que siempre es conveniente que las decisiones se tomen juntos, y que puedan tener buena comunicación y rendición de cuentas mutuas al respecto.

Decidir qué harán con las deudas

Al respecto, consideren lo que Dios dice en su Palabra en Romanos 13.7-9: *"Paguen a cada uno lo que le corresponda: si deben impuestos, paguen los impuestos; si deben contribuciones, paguen las contribuciones; al que deban respeto, muéstrele respeto; al que deban honor, ríndanle honor".*

Casarse significa que ambos se funden en un solo ser cuando dejan a sus padres y se unen en matrimonio (Génesis 2.24). Esto también implica, como ya señalamos, que las deudas de cada uno se convierten en las deudas de ambos. En este punto tienen dos opciones: decidir esperar a casarse hasta que hayan cancelado todas sus deudas, o establecer estrategias de pago para la cancelación después de la boda. Nuestra recomendación es que honren sus deudas con el pago a tiempo, a fin de evitar que se acumulen intereses, que les reclamen judicialmente el pago, u otras situaciones desagradables.

Vivir de acuerdo a sus ingresos

Nuestra obsesión por las cosas materiales tiene un alto costo. Ya lo dijo el sabio rey Salomón en Eclesiastés 5.10: *"...quien ama el dinero, de dinero no se sacia. Quien ama las riquezas nunca tiene suficiente..."*. Hoy en día esto es muy común. Pensamos que "más es mejor", y gastamos dinero incluso en cosas que no necesitamos. Por lo tanto, nos enfrentamos luego con la presión de pagar las deudas, lo que trae a nuestras vidas ansiedad, preocupaciones, y un alto nivel de estrés. El actor Will Smith lo expresó así: *"Gastamos dinero que no tenemos, en cosas que no necesitamos, para impresionar a gente a la que no le importamos"*.

En Lucas 12.15, Jesús nos habla con estas palabras: *"¡Tengan cuidado! -advirtió a la gente-. Absténganse de toda avaricia; la vida de una persona no depende de la abundancia de sus bienes"*. En su libro *"Max habla sobre la vida"*, el escritor Max Lucado explica que la avaricia viene en muchas formas. Avaricia de aprobación. Avaricia de aplausos. Avaricia de estatus. Avaricia por la mejor oficina, el mejor automóvil, la novia más bella. La avaricia tiene muchos rostros, pero habla un solo idioma: el idioma del "más".

Por lo tanto, les animamos a que ustedes sean lo suficientemente inteligentes, enfocados y responsables, como para no caer en la trampa del consumismo, que no es otra cosa que avaricia. Para esto tendrán que definir con precisión qué desean lograr, y crear un plan que los oriente hacia sus metas. Además, les aconsejamos atender y apropiarse del consejo que el apóstol Pedro da a la iglesia primitiva: *"Humíllense, pues, bajo la poderosa mano de Dios, para que él los exalte a su debido tiempo"* (1 Pedro 5.6). Pablo, por su parte, dijo que él había aprendido a contentarse cualquiera fuera su situación (Filipenses 4.11). ¡Vivan agradecidos por lo que han recibido y lo que recibirán, y satisfechos con lo que tienen!

Además, examinen juntos cuál es la perspectiva que tienen sobre la vida, y apóyense el uno al otro para dar pasos seguros en su economía. Seguramente ambos tienen pasiones que cuestan dinero, pero deberán tener cuidado en no gastar de más. Y por supuesto que no hay nada de malo en destinar fondos para entretenimiento y bienes materiales, pero esto debe hacerse de manera mesurada, de tal forma que se ajuste a su presupuesto familiar y no pongan en riesgo su bienestar financiero.

Ambos deben ser conscientes de la realidad y reconocer que, incluso si durante la soltería podían darse lujos, en el matrimonio deberán abstenerse de muchos de ellos en pos de otros objetivos y prioridades.

Esto nos recuerda una historia en la que cierta joven, que provenía de una familia adinerada, estaba acostumbrada a ir constantemente de compras, a ir al salón de belleza cada semana, y a salir a cenar a lugares costosos. Ella se enamoró de un joven que provenía de una familia con otra realidad económica. Él era el sostén económico de sus padres, y no podía gastar el dinero que ganaba en cosas innecesarias. Ellos se amaban mucho, así que finalmente decidieron casarse, y la joven lo hizo consciente de que debía cambiar sus costumbres y ajustarse a una nueva realidad. Ella logró adaptarse, y pudo disfrutar su matrimonio y su nueva familia. Aunque los primeros años no fueron sencillos en el aspecto económico, juntos salieron adelante y pudieron fundar un hogar feliz.

Por otra parte, si en un caso como este uno de los dos no estuviera dispuesto a renunciar ni dejar sus costumbres, entonces juntos tendrían que tomar la decisión de seguir con su proyecto de contraer matrimonio, o de separarse. De una u otra forma es mejor conversar sobre estos temas a tiempo. No hay nada más triste que ver al lado tuyo a una persona amargada y frustrada por no lograr adaptarse a las realidades de su nueva vida.

También es importante que reflexionen sobre lo que la Biblia enseña acerca del manejo del dinero. Confíen en que Dios es su proveedor, y en que él quiere bendecirlos y prosperarlos. La prosperidad no tiene que ver solo con el dinero, sino con todas las áreas de la vida. Y si el dinero destruirá su familia, será mejor que sean felices con poco que desgraciados con mucho.

La Biblia dice que *"Hay quien pretende ser rico, y no tiene nada; hay quien parece ser pobre, y todo lo tiene"* (Proverbios 13.7). El verdadero éxito no tiene que ver con tener cuentas abultadas y vivir con lujos, sino con centrar sus vidas en Dios y depender de él en todo, porque *"Más vale tener poco, con temor del Señor, que muchas riquezas con grandes angustias"* (Proverbios 15.16).

Así que no dejen que el deseo de tener más cosas materiales o de ocupar una determinada posición social o profesional los desvíe del verdadero propósito que Dios tiene para ustedes. *"Manténganse libres del amor al dinero, y conténtense con lo que tienen, porque Dios ha dicho: 'Nunca te dejaré; jamás te abandonaré'"* (Hebreos 13.5).

Proyectar sus ingresos futuros

Para realizar una proyección de sus finanzas y de sus inversiones, es fundamental que establezcan los ingresos que esperan tener a corto, mediano y largo plazo. Estos pueden estar relacionados con su crecimiento profesional en el lugar donde trabajan, o como emprendedores en sus propios negocios.

A su vez, necesitan fijar los pasos que darán para alcanzar estas proyecciones. Si aún están estudiando, o si no poseen un título universitario que los habilite como profesionales en algún área, deberán ser conscientes de que, siendo empleados, su remuneración estará determinada por el puesto que ocupen. Además, al ingresar a una empresa los sueldos suelen ser los más bajos, y recién irán aumentando al pasar por distintos procesos de formación dentro de la empresa, y dependiendo también de la eficiencia y responsabilidad en las tareas que les asignen. Cuando uno es un emprendedor independiente, en cambio, puede fijar cuánto quiere ganar, pero también tiene que asumir riesgos propios para iniciar y sostener su propio negocio.

Otra decisión importante que deben tomar juntos es si trabajarán ambos o uno solo. Puede ser que acuerden que esto varíe según el momento de sus vidas. Tal vez uno no trabaje, o trabaje menos, mientras completa sus estudios. O puede ser que quieran que uno se quede en casa mientras cría a los hijos. Cualquier decisión en este sentido implica una reducción en los ingresos y, por lo tanto, deberán estar dispuestos a hacer los ajustes necesarios. Por otro lado, en caso de que ambos trabajen, es importante tomar una postura en cuanto a qué actitud tendrán cuando uno de los dos perciba más dinero que el otro. Que uno de los dos gane más no debería ser una razón de conflictos, porque el dinero ya no es de uno solo sino de los dos. Pero nunca está de más conversar sobre esto antes de iniciar la vida juntos.

Además, es importante tener en cuenta que existen profesiones u ocupaciones que generan mejores ingresos. Por eso es fundamental entender cuál es el propósito de sus vidas, qué les apasiona hacer y con qué se sienten comprometidos, de forma tal que no escojan en qué ocuparse basados en el beneficio económico, sino en hacer aquello para lo cual fueron diseñados. *"Busquen el reino de Dios por encima de todo lo demás y lleven una vida justa, y él les dará todo lo que necesiten"* (Mateo 6.33, NTV).

Establecer el manejo de los fondos

Una vez que contraen matrimonio, no solo las deudas personales se comparten sino que también los bienes pasan a ser de ambos. Aunque es cierto que algunas parejas optan por tener "separación de bienes", delante de Dios el matrimonio es una sociedad y un pacto para toda la vida, y el divorcio no debería ser considerado como una opción. Seamos sinceros: los acuerdos prenupciales para salvaguardar sus finanzas, sea cual fuere la razón que se esgrime, evidencian inseguridad sobre el futuro de la relación y desconfianza sobre la provisión y el respaldo que Dios ofrece a sus hijos.

En verdad, no existe una forma única de manejar su dinero. Cada pareja determinará cómo hacerlo de acuerdo a su propia realidad. Lo importante es cumplir con sus obligaciones, ponerse de acuerdo y llevar juntos un buen control de su presupuesto.

En cuanto a los fondos, deben establecer si los tendrán en cuentas corrientes separadas o en una sola cuenta. Algunas parejas tienen cuentas separadas por cuestiones laborales. Otras optan por tener una sola cuenta en común. Ustedes tienen que decidir cuál de las dos opciones es más conveniente para ambos, atendiendo a su realidad. De uno u otro modo, deberán rendirse cuentas el uno al otro, y jamás tener secretos. Es responsabilidad de los dos administrar los fondos disponibles con sabiduría e inteligencia.

Crear mecanismos de salvaguarda

Definitivamente, nadie planifica las cosas para ser pobre. Lo que muchas veces sucede es que, en el camino, las circunstancias inesperadas y las malas decisiones empujan a las personas a la ruina. Por es importante trabajar duro, planificar su futuro y establecer acciones para garantizar una economía sana que incluya el poder hacer frente a imprevistos.

Muchas parejas construyen castillos sobre la arena, viven el día a día, aparentan una buena posición económica y derrochan el dinero que ganan -y aun el que no tienen-, cayendo en grandes deudas que luego terminan sofocándolos.

Para todo esto es fundamental fijar acuerdos y definir límites que les ayuden a proteger sus finanzas. Algunas de las medidas que pueden tomar son:

1. Tengan mucho cuidado con el uso de las tarjetas de crédito

Cierto día una de nuestras pequeñas hijas oyó que habíamos salido de casa sin dinero en efectivo. Lejos de preocuparse, su reacción fue aconsejarnos que utilicemos el cuadrado mágico de plástico que simplemente se desliza en un aparato y con el cual no se requiere de dinero...

La realidad está muy alejada de lo que nuestra hijita había entendido al vernos utilizar las tarjetas de crédito. Lo cierto es que ese plástico no es mágico ni gratuito. ¡Es dinero prestado que luego deberemos devolver! Además, quien nos está prestando el dinero es una entidad financiera, y si pasa el tiempo deberemos pagar el dinero que utilizamos más los intereses acumulados.

Créannos: utilizar las tarjetas de crédito sabiamente -y sepan que a veces esto implica no utilizarlas en absoluto- les ahorrará muchos dolores de cabeza.

Aquí les compartimos algunas recomendaciones que Andrés Panasiuk, experto en finanzas, escribe en su libro *"Finanzas inteligentes para una nueva generación"* acerca del uso de las tarjetas de crédito:

♦ Nunca compren algo que no tenían previsto dentro de su presupuesto mensual. Es mejor que den media vuelta y se marchen. Resistan la tentación de usar su tarjeta de crédito. Estarían gastando dinero que no tienen, y acumulando deudas. Ejerciten su dominio propio en el control de sus finanzas.

♦ Paguen cada mes la totalidad de la deuda acumulada en el mes. Para poder hacer esto deberán cuidar que sus gastos no sobrepasen el monto asignado en el presupuesto familiar. De esta forma evitarán pagar intereses, que luego se acumulan y crecen formando verdaderas bolas de nieve.

♦ Si ven que les cuesta manejarlas, lo mejor será que directamente no utilicen tarjetas crédito. Con las compras impulsivas, la generación de deudas por fuera de lo presupuestado, y la acumulación de intereses, pueden estar entrando en un laberinto sin salida. Limítense a usar solo dinero en efectivo o tarjetas de débito. Las tarjetas de débito en algún modo son similares a una tarjeta de crédito, porque con ellas pueden realizar compras impulsivas que estaban fuera del presupuesto. Pero al menos tienen la ventaja de que, como el dinero se retira directamente de su cuenta corriente, ustedes no podrán gastar lo que no tienen.

2. Ahorren y den a otros

¿Han hablado sobre cómo podrán enfrentar los imprevistos económicos que se les presenten? Para esto es fundamental crear una cultura de ahorro desde el inicio de la relación. El ahorro es un hábito que debe ser instalado en nuestras mentes y debe también reflejarse en nuestro presupuesto mensual.

Ahorrar a lo largo de los años les permitirá gozar de mejores condiciones financieras en el futuro. Veamos juntos algunas ventajas de hacerlo:

♦ **Ayuda a desarrollar la disciplina.** Para ahorrar tendrán que dejar de realizar gastos innecesarios. El sacrificio acompaña a la autodisciplina. Tendrán que poner una buena dosis de voluntad y dominio propio para conseguirlo. Ahorrar con disciplina desde el principio de su matrimonio les permitirá aspirar a un mejor futuro financiero.

♦ **Les garantiza que contarán con fondos de emergencias.** Ahorrar les ayudará hacer frente a los imprevistos sin que tengan la necesidad de pedir dinero prestado.

♦ **Coloca el cimiento para alcanzar prosperidad económica.** Ser ricos no está directamente relacionado con tener salarios altos, sino con aquello que se acumula y no se malgasta. Para alcanzar una buena posición económica hay que trabajar duro, ser disciplinado y tener un plan.

♦ **Posibilita hacer inversiones en el futuro.** Al ahorrar de manera perseverante tendrán mayores posibilidades de realizar inversiones inteligentes, ya que contarán con los fondos necesarios para hacerlo cuando aparezca la oportunidad.

♦ **Contribuye a tener un mayor nivel de autoconfianza.** Al contar con ahorros, uno es consciente de que podrá enfrentarse con más calma a cualquier escenario económico que se le presente, porque se dispone de un respaldo.

Si no tienen aún el hábito de ahorrar, posiblemente al comienzo les cueste y se enfrenten con excusas para postergarlo. Intenten trabajar juntos y apoyarse el uno al otro para resistir sus pensamientos, hacer frente a sus debilidades, y autodisciplinarse. Es la única forma de poder luego gozar de los beneficios que el ahorro traerá a sus vidas.

Es importante también destinar un porcentaje de sus ingresos para dar. Al organizar su presupuesto mensual, una buena sugerencia es esta: apartar un 70% de los ingresos para sus gastos, un 10% para su ahorro mensual, otro 10% para sus diezmos, y otro 10% para sus ofrendas.

Tal vez se pregunten cuál es la diferencia entre el diezmo y la ofrenda. La diferencia es que el diezmo es un mandato, mientras que la ofrenda es un acto voluntario. David dijo a Dios: "... ¿quién soy yo, y quién es mi pueblo, para que podamos darte estas ofrendas voluntarias? En verdad, tú eres el dueño de todo, y lo que te hemos dado, de ti lo hemos recibido" (1 Crónicas 29.14). Por otra parte, en Malaquías 3.10 leemos que el diezmo debe ser entregado íntegro a la congregación donde se reúnen, y que entonces Dios abrirá las compuertas del cielo y derramará sobre ustedes bendición hasta que sobreabunde. ¿Quién quiere perderse esto?

Con respecto al dar, la Biblia dice en Proverbios 11.25 que el que es generoso prospera, y nos indica también que demos a los necesitados.

El principio de que todo lo que tenemos viene de Dios y que nosotros somos simplemente los administradores, nos recuerda que no somos dueños de nada en realidad. No debemos aferrarnos a lo que el mundo pueda ofrecernos, sino depender por completo de Dios. Y el diezmar y ofrendar es reconocer nuestra dependencia de él. ¡Prepárense para ver cielos abiertos sobre sus vidas!

3. Elaboren un presupuesto familiar y ajústense a él

Un presupuesto es una previsión, proyección o estimación de gastos. Como tal, es un también un plan de acción cuyo objetivo es cumplir una meta prefijada. Los presupuestos son parte de la administración de las finanzas en las empresas, organizaciones y países, y deberían serlo también en las familias.

El tema de la administración del dinero es un tema que no todos dominan, y algunos hasta le tienen miedo. La buena noticia es que hay miles de libros con un sinfín de herramientas y consejos útiles que pueden ayudarles a fin de elaborar un presupuesto y poder ajustarse a él desde el principio del matrimonio.

Posiblemente al inicio de una relación resulte incómodo hablar de una cuestión tan personal como lo es el manejo del dinero. Sin embargo, ahora que están considerando unir sus vidas, es absolutamente necesario que lo hagan. Tengan en cuenta que el tema financiero es la razón más común por la que las parejas discuten, y según las estadísticas es la principal causa de divorcio. ¡Cuántos problemas se ahorrarán si conversan sobre estos temas antes de la boda!

Lo que les recomendamos a las parejas es que elaboren un presupuesto donde esté designada la cantidad de dinero que emplearán durante el siguiente mes -o meses en algunos rubros- para las distintas categorías: alimentación, vivienda, transporte, servicios, compras, ocio, etc. El propósito de esto es poder planificar los gastos de manera inteligente, y saber exactamente de cuánto disponen para cada cosa con el fin de no extralimitarse.

Hay dos conceptos básicos de la contabilidad que es bueno que conozcan y comprendan antes de comenzar a elaborar su presupuesto. Se trata de los *activos* y los *pasivos*. Ambos definen su *situación patrimonial*.

Los *activos* son todos los bienes con los que contamos. Incluyen el dinero y todo lo que poseemos y que se puede convertir en dinero. Algunos ejemplos de activos son el dinero en efectivo, el dinero en cuentas bancarias, los valores e inversiones, las pensiones y planes jubilatorios, las pólizas de seguro de vida, los bienes inmuebles, y los vehículos, mobiliarios, joyas, etc. La característica de los activos es que en algún momento podemos obtener de ellos beneficios económicos.

Los *pasivos* son las deudas que poseemos. Dicho de otra manera, son el dinero que le debemos a alguna persona o institución. Los pasivos son obligaciones que tenemos con terceros. Algunos ejemplos de pasivos son los préstamos bancarios, las cuotas por compra de vehículos, las hipotecas, las deudas con tarjetas de crédito, etc.

Partiendo de estos conceptos básicos de contabilidad, el primer paso es que cada uno confeccione por separado un listado con sus activos y sus pasivos personales. Podría darse el caso de que en este punto, luego de conocer la realidad del otro y de tener un panorama más aproximado del futuro económico inmediato, uno de los dos decidiera repensar las cosas o tomar una decisión sobre si continuar con el proyecto de vida juntos o no. ¡De todos modos es conveniente hacer esto antes de la boda, y no encontrarse con sorpresas desagradables después!

Una vez que tengan por escrito la situación patrimonial de cada uno, combínenlas para poder conocer la situación actual de la pareja. En base a esto, escriban un presupuesto familiar tentativo, incluyendo todos los ingresos y egresos previstos, para que ambos estén informados y sean conscientes de su realidad.

Sabemos que no es fácil, ¡pero anímense a hacer este ejercicio! Recuerden que Dios es el que nos da todas las cosas, y que nosotros somos llamados a administrarlas bien. Es muy importante que seamos administradores responsables. Además, tengan presente que estos pasos tienen el objetivo de conocer y evaluar la realidad a fin de establecer estrategias para que la familia que están iniciando pueda gozar de una buena salud financiera.

En su libro *"Cómo prepararse para el matrimonio"*, Doug Fields y Jim Burns aconsejan a las parejas que no se casen hasta que no tomen un compromiso de que harán un presupuesto familiar juntos, y les animan a seguir los siguientes pasos:

1. Determinen el total de los ingresos mensuales.
2. Escriban todos sus gastos fijos, y estimen sus gastos variables.
3. Identifiquen, dentro del punto anterior, todos sus gastos no esenciales. (Si resulta necesario recortar el presupuesto, por aquí es por donde deberían empezar.)
4. Calculen también los gastos ocasionales, como festejos, regalos, reparaciones del automóvil, y vacaciones.
5. Sumen el total de gastos de los ítems 2 y 4. Tomen le número del punto 1, y réstenle este número que acaban de calcular.
6. Presten atención al signo del resultado. ¿Es positivo o negativo? Si las matemáticas revelan que están gastando más de lo que generan, entonces recorten todo lo que no sea estrictamente necesario (comenzando por lo que identificaron en el punto 3). Sigan recortando hasta que su número sea positivo.
7. Luego de elaborar su presupuesto, hagan un compromiso de que no gastarán más en cada rubro de lo que su presupuesto les permita, sin excepciones.

¿Necesitan algunos consejos prácticos para recortar gastos? Aquí tienen unos cuantos que les pueden servir:

♦ Reduzcan por lo menos a la mitad la cantidad de comidas que tienen fuera de su casa. Siempre es más barato cocinar que comer afuera.

♦ Vendan las cosas que no usan en algún portal de internet.

♦ Cancelen las suscripciones a membresías y clubes que no utilizan.

♦ Escriban una lista de los artículos necesarios antes de salir de compras, y manténganse fieles a ella.

♦ Prueben algunas marcas genéricas para los ítems que normalmente compran. Muchas veces se trata del mismo producto en distinto envase.

♦ Eviten ir al supermercado con hambre. Todos compramos de más cuando tenemos el estómago vacío.

El precio se paga siempre

El precio de ser disciplinados y tomar decisiones firmes en el tema financiero puede parecer alto, ya que debemos abstenernos de comprar y hacer cosas que realmente desearíamos, pero trae consigo recompensas invalorables. El precio de vivir desordenadamente es aun mucho más alto, y puede además acarrear consecuencias devastadoras.

Vale la pena sacrificarse ahora postergando algunas cosas (por ejemplo, dejando para más adelante un viaje lujoso de luna de miel), con el fin de aligerar la carga financiera para su nuevo matrimonio, en lugar de iniciarlo con deudas. Las mejores cosas en la vida no son cosas materiales. Así que, cuando tengan que escoger entre la salud de su economía familiar y comprar más cosas, esperamos que elijan sabiamente.

Capítulo VIII

La FAMILIA Extendida

El matrimonio te conducirá hacia un mundo repleto de gente que no conocías. De hecho, tu prometido/a no está solo/a en la vida. Lo acompaña un equipo de personas que también formarán ahora parte de tu vida: su *familia extendida*.

Al unir tu vida con alguien, no lo estás haciendo solo con esa persona. También te estás uniendo con toda su familia, te agrade o no. Es imposible separarte de ellos, y aun lo es menos pretender que tu pareja corte su relación y comunicación con su familia por el solo hecho de estar casado contigo.

Con todo el entusiasmo del compromiso y de la boda quizás en este momento no puedas dimensionar el impacto que la familia extendida de cada uno tiene, incluso, sobre su relación actual. Ambos han recibido una influencia profunda de ellos. Tú y tu pareja vienen con todo un bagaje, cada uno de su cultura familiar, con sus propios valores, reglas, opiniones, costumbres y tradiciones que han sido parte de sus vidas desde mucho antes de que se conocieran. Por lo tanto, no pueden intentar borrar de sus vidas y de sus corazones a su familia extendida. Tampoco pueden ignorarlos ni dejar de considerarlos en su nuevo mapa de vida matrimonial.

De hecho, su familia extendida puede ser una gran bendición para su matrimonio, si logran establecer los límites y las expectativas en lo que respecta a su grado de involucramiento dentro del hogar que van a formar y en su relación de pareja. También, cuando lleguen los hijos, la familia extendida será una parte muy significativa en sus vidas.

Por otra parte, hay un proceso que a veces resulta difícil para los padres, que consiste en cortar el cordón umbilical que los unía a sus hijos. Ellos los han cuidado, protegido, formado, y amado desde que nacieron. Los hijos formaron una parte muy importante en sus vidas. Muchos de sus sacrificios, sus decisiones y sus renuncias los decidieron pensando ellos. Sus vidas giraron hasta ahora en torno a su bienestar y seguridad. ¡Este es un amor que debe ser honrado y respetado!

Como primer advertencia les decimos esto: no esperen que de manera automática, luego de la ceremonia, sus padres dejen de lado su rol de padres. Lo que sí es muy importante es que, dentro de ese marco de honra y de respeto, ustedes puedan delinear algunas coordenadas que les ayuden a evitar potenciales malos entendidos con su familia extendida, o incluso entre ustedes, respecto de este tema.

Tal vez pienses que tus padres son personas muy agradables, pero lo cierto es que no necesariamente lo sean para tu cónyuge. O tal vez ustedes tengan ideas distintas sobre en qué medida es deseable, o no, que se metan -o se entrometan- las familias de cada uno dentro de su nuevo hogar. Lo importante es que ustedes puedan conversar sobre el tema, llegar a acuerdos, y respetar luego esos acuerdos.

Lo que no pueden hacer es subestimar este tema creyendo que jamás tendrán problemas, ya que está comprobado que los parientes políticos son una de las principales fuentes de conflicto en las parejas. Hay hogares en los que se libran batallas campales por las más diversas cuestiones, desde que la madre o el hermano de uno abra el refrigerador de la casa sin pedir permiso, o que los visitan sin previo aviso, hasta temas como la interferencia en la disciplina de sus hijos o en las decisiones que ustedes han tomado. Todas estas situaciones podrían preverse y reglarse a fin de evitar los conflictos y las confrontaciones.

Tengan presente que cada uno de los dos tiene cosmovisiones diferentes. No necesariamente congeniarán en todos los aspectos, y de eso se trata el matrimonio: de unir dos mundos totalmente diferentes, y convertirlos en uno solo. Pero para ello se necesita de *acuerdos*.

Factores que influyen

Como ya vimos, cada familia tiene sus propias raíces. Su propia historia. Una personalidad adquirida y una cultura instalada. No importa si han vivido en la misma ciudad toda la vida, o inclusive si son vecinos. Independientemente de todo esto, es seguro que hay diferencias notorias en la forma en que los educaron desde chicos. Y probablemente algunas de estas diferencias generen inconvenientes más adelante, si ustedes no tienen la actitud adecuada.

El entorno socioeconómico

Las parejas que crecieron en entornos socioeconómicos totalmente distintos, en algún momento se enfrentarán con la realidad de sus diferencias. Un ejemplo: en tu casa sobrevivían comiendo platos sencillos, y aun en los acontecimientos familiares importantes las salchichas y la pizza eran tradicionalmente parte del menú; en la familia de tu pareja, se esmeraban en preparar una serie de platillos gourmet para cada evento. Comían salmón con langostinos y verduras, camarones en salsa de anís o pavo relleno, además de seguir el protocolo y todas las reglas de etiqueta en la mesa. Pues solo es cuestión de esperar alguno de los primeros encuentros familiares para que las diferencias se hagan sentir...

Comprender de dónde viene cada uno les ayudará a entender mejor a sus "nuevas familias" y a equilibrar juntos aquellas diferencias que podrían generar malos momentos o incomodidad. Por supuesto que a medida que vayas involucrándote más con tu familia política conocerás más sobre sus costumbres y valores, pero nunca es demasiado temprano para conversar entre ustedes sobre estos temas...

¿Cuáles son las características distintivas de la familia de cada uno? ¿Cuáles son sus tradiciones familiares? ¿Cuáles son las actividades favoritas de cada familia? ¿Cómo celebran los días festivos? ¿Ya han hablado acerca de dónde pasarán las fiestas, las fechas especiales, los feriados, etc.? Ese es un gran asunto. ¿Y cuáles son las tradiciones y las expectativas que ambas familias tendrán durante las ocasiones especiales?

Por otra parte, el hecho de que provengan de realidades socioeconómicas diferentes no necesariamente generará conflictos, puesto que depende de su flexibilidad y adaptación social. Estos aspectos están relacionados a la inteligencia emocional, la cual tiene que ver, según el psicólogo norteamericano Daniel Goleman con *"la capacidad del ser humano para identificar su propio estado emocional y gestionarlo de forma adecuada"*. Dicho de otra manera, ¡deberías ser capaz de identificar tus propios sentimientos y de controlarlos!

Cuando pierdes los estribos es porque has sido dominado por tus impulsos emocionales, y no por tu capacidad de autocontrol. ¡Te desafiamos a desarrollar tu inteligencia emocional del mismo modo en que promueves tus habilidades cognitivas u otras inteligencias! Créenos, vale la pena desarrollar al máximo tus capacidades emocionales aunque más no sea para vivir en paz con tu familia política.

Goleman también menciona que *"La inteligencia emocional es una forma de interactuar con el mundo que tiene muy en cuenta los sentimientos, y engloba habilidades tales como el control de los impulsos, la autoconciencia, la motivación, el entusiasmo, la perseverancia, la empatía, la agilidad mental. Ellas configuran rasgos de carácter como la autodisciplina, la compasión o el altruismo, que resultan indispensables para una buena y creativa adaptación social"*.

La incapacidad de manejar las diferencias y de adaptarte posiblemente sea, como afirma Goleman, *"el reflejo de tu torpeza emocional"*. ¡Trabaja para mejorar en este aspecto!

Analiza tus reacciones: ¿Te sientes herido con facilidad? ¿Te cuesta enfrentarte a una realidad diferente a la que conoces? ¿El temor te paraliza? ¿Te retraes y ensimismas cuando te expones a un entorno diferente? ¿Lidias con pensamientos de superioridad o de inferioridad? ¿Sabes relacionarte con todo tipo de personas? ¿Con ricos y pobres? En fin... estas son solo algunas de las preguntas que debes hacerte. Puedes utilizarlas como disparadores que te ayuden a reflexionar sobre tus actitudes y sobre tus paradigmas.

El entorno de fe o religioso

La cultura de tu familia y la de la familia de tu cónyuge pueden ser bastante peculiares. La cultura familiar está determinada por factores como ingresos, inclinaciones políticas y religiosas, y todos estos factores condicionan los comportamientos, los valores y las creencias de quienes forman parte de esa familia.

Sin embargo, es posible que en el camino tú o tu cónyuge hayan modificado sus creencias religiosas, y que actualmente difieran de las de sus padres. La fe es fundamental en la construcción de su matrimonio y de su nueva familia, y ya hemos hablado sobre la importancia de que ambos abracen la misma fe y sean fieles a sus principios. Lo que queremos agregar ahora es que ustedes no necesitan creer lo mismo que sus familias políticas, pero sí deben ser conscientes de que podrían tener conflictos con ellos por cuestiones de la fe.

Conocemos las experiencias de varias parejas que, al haber abrazado la fe en Cristo, y al decidir asistir a una congregación evangélica, tuvieron crisis con sus familias de origen las cuales resultaron en mucha presión para dichas parejas. ¿En qué iglesia celebrarán la ceremonia religiosa de su boda?

Tengan en cuenta también que las diferentes creencias y prácticas espirituales se harán más evidentes a medida que lleguen los hijos. ¿Qué harán cuando se sientan presionados a que sus hijos sean bautizados siendo bebés? ¿Qué hay de la primera comunión, o el bar y bat mitzvá? ¿Celebrarán la Navidad, y en qué manera?

Dialoguen sobre las creencias de sus familias extendidas, y sobre cuáles son sus costumbres y prácticas más significativas, sus liturgias y celebraciones. Por otro lado, ustedes conozcan la verdad de Dios, a través del estudio regular de su Palabra. No les decimos esto para que discutan o se formen dos frentes, sino para que ustedes puedan permanecer fieles a su fe en todo momento. No entren en discusiones sobre creencias religiosas, porque no conducen a nada bueno y solo generan divisiones. Más bien oren por sus familiares, y sean respetuosos pero firmes a la vez.

Para esto, dejen claro desde el principio que ustedes han tomado una decisión como pareja y que serán fieles a sus creencias, y manifiéstenles que esperan que los respeten aunque no estén en acuerdo con ustedes. Posiblemente sus familias extendidas les inviten a celebraciones religiosas tales como bautismos, casamientos, primera comunión u otros. En estos casos, con gusto acepten sus invitaciones. Por supuesto que no necesitan participar en sus liturgias, pero sí pueden compartir con ellos sus momentos especiales, y esto será una muestra de afecto de su parte.

En cuanto a la formación espiritual de sus hijos, sean claros con sus familias en que los criarán conforme a su fe, y explíquenles que esperan que ellos actúen con respeto ante tal decisión.

Las diferencias intelectuales

Las diferencias intelectuales afectan incluso más que las económicas dentro del entorno de las familias extendidas. Si tú provienes de un hogar donde se ha valorado siempre la formación académica, espiritual y otros aspectos que hacen al ser, entonces podría ser un verdadero problema si tu cónyuge no ha sido formado en un entorno que promueva el desarrollo personal o si él no demuestra interés en aprender y crecer.

El valor que cada familia le da al aspecto intelectual provendrá de la misma formación académica de los padres o de su cosmovisión. Cabe resaltar que un título universitario no corta orejas ni avala el éxito (aunque definitivamente es útil). Dicho de otro modo, un título no garantiza la intelectualidad de una persona, ni sus valores, ni sus modales.

Hemos visto personas sin títulos que, con gran motivación, se han superado intelectualmente, y se han dedicado a su desarrollo intelectual, personal y espiritual a través de la investigación, la lectura, la participación de foros, congresos, seminarios y otros, convirtiéndose en verdaderos autodidactas. Personas que se han enfocado en temas de su interés y con el tiempo se volvieron expertos, siendo en muchos casos esta su fuente de ingresos económicos. Esto muchas veces marca una diferencia por encima de aquellos que, aun con un título profesional, no se esfuerzan por conocer más para seguir creciendo. En breves palabras, en muchos casos el nivel intelectual supera al nivel académico.

Sin embargo, si notas una gran diferencia entre tú y tu novio/a en el área intelectual, esta realidad no debe ser minimizada. Si eres una persona con una buena preparación intelectual, lo cierto es que será importante que la persona que se encuentre a tu lado pueda llegar también a niveles altos de pensamiento, de tal forma que tengan conversaciones profundas y de interés para ambos. Incluso hasta en la resolución de conflictos se dejará notar esto. Como en todo, puede haber diferencias "insalvables", y otras que sean "salvables", dependiendo del caso particular, y queda en ustedes el poder discernir esto.

Por otra parte, si la diferencia intelectual es muy evidente, la familia extendida lo notará y posiblemente tengan que lidiar con miembros que menoscaben a su pareja. ¿Qué pueden hacer en estos casos? En primer lugar, nunca utilicen palabras que desprecien o sean despectivas hacia sus parejas delante de sus padres u otros familiares. Podrías sentir mucha presión en determinadas ocasiones, cuando se encuentren con ellos, e impulsivamente expresar palabras negativas como: "Tú no sabes" o "Hablas de algo de lo cual no tienes idea" o "Deberías informarte más antes de opinar", entre otras frases que denotan descrédito. No lo hagas.

En segundo lugar, deben apoyarse y protegerse el uno al otro. Si uno ve que el otro está siendo atacado, de inmediato podría utilizar alguna estrategia para desviar la atención. Además, cada uno debe alabar o resaltar las fortalezas de su pareja en público siempre que se dé la oportunidad.

En tercer lugar, anima a tu cónyuge a superarse en el aspecto intelectual, espiritual y en su desarrollo personal. Busquen el crecimiento constante a través de las herramientas que tengan a su alcance, y esto irá haciendo que las diferencias sean menores cada día.

¿Es posible llevarse bien con la familia de tu pareja?

¡Ánimo! ¡Claro que es posible! Más abajo compartiremos con ustedes algunas sugerencias para ayudarles a tener una mejor relación con sus familias extendidas. Pero antes, es fundamental que entiendas que al momento de casarte tu rol principal pasa a ser el de esposo o esposa. Y cuando vengan los hijos, a este se le sumará el de ser padre o madre.

En Génesis 2.24 leemos: *"... dejará el hombre a su padre y a su madre, y se unirá a su mujer..."* (RVR60). Construir tu hogar sobre este principio ayudará a que te mantengas firme frente a las presiones u opiniones de los familiares. Recuerda que si tú y tu cónyuge no se ponen de acuerdo para tomar sus decisiones, y si no establecen límites saludables entre ustedes y sus familias políticas, entonces su relación matrimonial podría resquebrajarse hasta romperse. ¿Cómo pueden lograr esto? Aquí les compartimos algunas ideas:

No vivan en la casa de sus padres

Cuando nosotros decidimos casarnos, y aunque nuestros ingresos económicos no eran muy grandes, una de las primeras determinaciones que tomamos fue que no viviríamos en la casa de ninguno de nuestros padres. Teníamos bien claro que el tener nuestro propio espacio era uno de los pasos primordiales para poder disfrutar de nuestra privacidad. Y además así podríamos evitar los conflictos que necesariamente surgen al convivir cotidianamente con tus padres o con tus suegros.

Muchas parejas, sin embargo, optan por vivir en la casa de alguno de sus padres. Lo hacen generalmente por motivos económicos, o porque no asimilaron la idea de la independencia, o simplemente para ahorrarse el pago de una renta mes tras mes, alegando que de esa manera podrán ahorrar para comprarse una casa propia. Sin embargo, la verdad es que el pensar de esta manera muchas veces les termina

La **FAMILIA** *Extendida*

costando más caro que el pago de una renta.

La privacidad y la intimidad del hogar en los primeros meses y años del matrimonio son invaluables. Conocemos parejas que han decidido vivir en la casa de uno de sus padres porque el presupuesto no les alcanzaba para pagar una renta, pero sin embargo gastaron mucho dinero en una gran fiesta de bodas. ¡Con solo parte de lo gastado podrían haber pagado un año completo de renta! Por esto, como ya lo hablamos anteriormente, es importante establecer desde la etapa de noviazgo cuáles serán sus prioridades.

A su vez, deben ser realistas con respecto a sus ingresos y sus posibilidades económicas, para ser responsables con sus gastos en la fiesta y en la luna de miel. No pueden establecer un plan de vida para formar su nuevo hogar dependiendo de la ayuda de sus padres o sus suegros para tener dónde vivir. Para esto, tomen los recaudos necesarios, y fíjense como una prioridad el poder vivir en algún lugar que sea solo suyo. Pueden rentar un lugar económico, que por más pequeño y modesto que sea cumplirá bien la misión de brindarles un espacio íntimo. Esto les ayudará a independizarse de sus familias, y les ahorrará una serie de intromisiones, malos entendidos, momentos incómodos, y otras situaciones que se dan cuando se comparte la casa con los padres, suegros y/o cuñados.

Tengan en cuenta lo que leímos hace unos momentos: *"... dejará el hombre a su padre y a su madre, y se unirá a su mujer..."* ¡Estarán empezando con el pie izquierdo si inician su vida matrimonial violando este principio! Recuerden que la obediencia a Dios trae bendición sobre sus vidas y sobre su familia. Ocúpense ustedes de hacer lo que Dios manda, que él se encargará de sus otros asuntos.

Marquen claramente los límites

Insistimos con el pasaje de Génesis 2.24 porque claramente deja una instrucción dada por Dios para que las parejas disfruten de su vida familiar en plenitud. Incluso Jesús repitió estas palabras en Mateo 19.4-5: *"... ¿No han leído (...) 'Por eso dejará el hombre a su padre y a su madre, y se unirá a su esposa, y los dos llegarán a ser un solo cuerpo'?"*

127

La instrucción de Dios desde el principio, tanto para el hombre como para la mujer, fue la de dejar a su familia y hacer de su esposa/o su prioridad en la vida. Este principio no ha cambiado, y se refiere a la independencia física, emocional, financiera, y a todo aquello que podría atarte a tus padres luego de que te cases. Por supuesto, no significa que tengas que abandonar la comunicación con ellos, ni ignorarlos. Simplemente significa que tu matrimonio será lo más importante en tu nuevo orden de prioridades.

Pon límites a otros

Los límites son necesarios en todas áreas de la vida, ya que nos permiten vivir ordenada y equilibradamente. ¡Con más razón debes establecer límites cuando se trata de las relaciones con tu familia política!

Un aspecto importante en esto es establecer la frecuencia de visita a las familias, así como el tiempo que van a compartir. ¿Cuántos domingos al mes almorzarán con tus suegros? ¿Y cuántos con tus padres? ¿Y cuáles serán los días que pasarán solos como pareja? ¿Cómo se organizarán en las fechas festivas de Navidad y Año Nuevo? ¿Y en los cumpleaños? ¿Y que hay de los feriados y fechas patrias?

Entendemos que los padres son parte importante de nuestras vidas, y no estamos tratando de decirles que tienen que restringirles totalmente el acceso a sus cosas a partir del día de la boda. Simplemente queremos recomendarles que hagan una lista de reglas relacionadas con el nivel de involucramiento que ellos tendrán con ustedes y con sus actividades. Tengan en cuenta que ustedes están iniciando su propia familia, y necesitarán tener tiempo a solas para moldear su nueva cultura familiar, la cual tendrá que ver con sus hábitos, pasatiempos, intereses, y con las tradiciones que formarán juntos.

Seguramente ambos tendrán un ritmo muy acelerado durante la semana, por las responsabilidades laborales y de estudio, y esto podría reducir la cantidad de tiempo que tengan para estar juntos. Si no apartan intencionalmente momentos para compartir, descansar, reír, construir y proyectarse juntos, con el tiempo aparecerán conflictos y problemas de toda índole, debidos a la falta de espacios para fomentar el diálogo, el compañerismo y la amistad. Es así que en muchos casos se pierde la chispa, la complicidad y la confianza en la pareja, y de a poco dejan de apoyarse el uno al otro...

¡Que sobre su nueva agenda se vea reflejado el hecho de que en este momento de sus vidas su matrimonio es la prioridad! Construir un hogar requiere tiempo, enfoque, orden y estabilidad, así que ninguno de los dos debería sentirse mal por delinear los parámetros con los que se manejarán dándole preponderancia de tiempo a su relación.

Si tienen su libreta de apuntes a mano, este es un buen momento para empezar a escribir las decisiones que vayan tomando juntos en este aspecto. Si no establecen límites claros desde un principio para su relación con las familias extendidas, después se pondrá cada vez más complicado. Pero incluso en ese caso, ¡es mejor tarde que nunca!

Respeten a su familia extendida

Lo aceptes o no, la familia de tu pareja viene junto con ella en el paquete de regalo de bodas. Esa es una realidad que no puedes cambiar ni ignorar. Así que, con el fin de evitar tensiones, y por amor a tu pareja, tú tienes que decidir que pondrás la mejor actitud posible en lo referente a este tema. Todos tenemos derechos y todos queremos hacer respetar nuestro espacio, y así como tú lo mereces, ellos también merecen ser respetados y valorados.

Alguien dijo alguna vez que Adán y Eva fueron felices porque no tenían ni suegra ni cuñada. Aunque puede sonar muy gracioso, a ustedes probablemente no les haya tocado el mismo caso, así que por el bien de la comunidad familiar les recomendamos que afirmen este valor en sus vidas: Así como deben respetarse mutuamente, que cada quien respete a la familia del otro.

Y además, cuando eres respetuoso con tu familia política, estás brindándole respeto también a tu cónyuge. No importa cuán diferentes puedan llegar a ser, ellos igual merecen consideración y trato cordial de tu parte.

Incluso cuando sepas que en la familia de tu pareja hay alguien a quien no le agradas, mantén una actitud de calma y respeto. John C. Maxwell, refiriéndose a la manera que tenemos de reaccionar, lo expresa con las siguientes palabras: *"La vida es 10% lo que me pasa y 90% cómo reacciono a ello"*. Por eso, cualquiera sea la situación por la que atravieses, la tienes que manejar en un marco de respeto y tolerancia hacia tu pareja, su familia y todo el entorno familiar.

De todos modos, si en algún momento llegan a lidiar con algún familiar que directamente interfiere en el matrimonio, entonces sería recomendable que busquen de inmediato un mentor o consejero que los pueda guiar en un camino que les permita mantener su matrimonio saludable.

Inviertan tiempo suficiente en conocerlos antes de la boda

Mientras más tiempo inviertas en conocer a tu familia política antes de casarte, mejor. Por un lado, evitarás llevarte sorpresas desagradables luego de la boda, y por otro, te resultará más fácil relacionarte con ellos en el futuro si cultivas una buena relación desde el principio del noviazgo o del compromiso. Además, si cultivas una relación armoniosa con la familia de tu pareja, esto se volcará en mejores resultados en tu propia relación. Por eso te recomendamos que aproveches cada oportunidad en que se encuentren para promover la armonía familiar y fortalecer los lazos afectivos entre ustedes. En cada reunión familiar esfuérzate por mantener una buena actitud, y pon tu mejor sonrisa. Sé amable y colaborador/a. Aunque no todo sea como tú quisieras, si no haces esto solo aumentará la tensión, y tu actitud hará que cada acontecimiento sea desagradable. Así que, ¡toma aire, y sé la nuera o el yerno ejemplar!

Puedes utilizar algunas pequeñas estrategias para relacionarte bien con tu familia política, como ayudar a tu suegra a lavar los platos o a levantar la mesa luego del almuerzo, o prepararle su postre favorito a tu suegro. O simplemente siéntate y escúchalos. La amabilidad, la cordialidad, y el prestar atención durante la visita podrían hacer todo más llevadero. Y, además, no tendrás que estar discutiendo luego con tu pareja, o lidiando con los reproches sobre por qué dejaste notar que no estabas a gusto.

Otra idea que sostiene Daniel Goleman con respecto a la inteligencia emocional es esta: *"Si existen dos actitudes morales que nuestro tiempo necesita con urgencia son el autocontrol y el altruismo"*. Sé servicial, comparte, demuestra interés por lo que conversan tus futuros parientes. Evita los comentarios sarcásticos, las indirectas y las comparaciones. ¡No compares a tu familia con la de tu pareja! Recuerda que son diferentes, y que no tiene por qué ser todo como a ti te gustaría.

Ten en cuenta también que algunas cosas son cuestión de tiempo y adaptación. Sé paciente, y deja que las cosas fluyan. Al comienzo todo lo que es diferente podría resultarte fastidioso y hasta irritante, pero con el paso del tiempo esa incomodidad seguramente va a menguar y se acostumbrarán los unos a los otros.

¡Sean cómplices!

Ustedes dos tienen que aprender a ponerse de acuerdo, pero también tienen que aprender a estar en desacuerdo y aun así mantenerse unidos. Sería un grave error que sus familias extendidas detecten que no hay unidad entre ustedes en ciertas cuestiones, o que se den cuenta que uno va por un lado y el otro por otro. Si no cuidan esto, la situación podría ir empeorando paulatinamente, y terceras personas empezarán a involucrarse activamente entre ustedes. Se iniciarán los comentarios, las suposiciones, aparecerán las listas de consejos, y también las críticas y reproches. Todo esto traerá a su vez sentimientos de incomodidad, de enojo y de frustración que afectarán aun más su relación.

Conocemos parejas que han tenido problemas de esta índole. En un caso el esposo nos comentó que juntos habían marcado algunos límites en cuanto a la frecuencia de visitas a las casas de los padres de ambos. En teoría, estaban los dos totalmente de acuerdo en lo que habían decidido. Ella había expresado su conformidad a su cónyuge. Sin embargo, en algún momento a escondidas llamaba a su mamá para decirle que no estaba de acuerdo con la decisión que habían tomado, echándole la responsabilidad a su esposo, y diciéndole que esto le causaba mucha tristeza porque los extrañaba... Esto directamente no era un error, ¡era un horror!

No lo olvides: una vez que te casas, la prioridad en tu vida pasa a ser tu pareja, con quien estás construyendo un nuevo hogar. Protejan la lealtad y la complicidad. Lo que han decidido juntos deben mantenerlo firme, a menos que lo vuelvan a conversar juntos para realizar algún cambio. El matrimonio es un equipo, y para triunfar deben hablar el mismo idioma y permanecer siempre unidos.

Capítulo IX

La Sexualidad

¿Podré esperar hasta el matrimonio para tener relaciones sexuales? ¿Será que si no practico antes sabré qué hacer en la noche de bodas? ¿Cómo hacen las demás parejas que han tomado la decisión de esperar hasta casarse para no tener sexo?

Estas son algunas de las preguntas que muchos jóvenes nos han hecho a lo largo de estos años.

De seguro has escuchado sobre los programas que promueven la educación sexual y la abstinencia, los cuales están enfocados principalmente hacia adolescentes. Por lo general se pone mucho énfasis en que ellos tengan una formación sólida en esa etapa de sus vidas para que decidan esperar hasta el matrimonio para tener relaciones sexuales. Sin embargo, cuando pasan a la siguiente etapa de la vida, la juventud, muchas veces se asume que ya están lo suficientemente informados al respecto y que ya son maduros, de modo tal que ya no requieren acompañamiento.

¡Lo cierto es que para los jóvenes esto también representa un gran desafío! A diferencia de la etapa de la adolescencia, en la juventud se vuelven independientes económicamente y en otros sentidos, y ya han alcanzado el desarrollo pleno en lo físico, en su capacidad social, intelectual y sexual. Los adultos que los rodean en la iglesia esperan que sean responsables en sus decisiones, e incluso los padres han dado un paso atrás, o posiblemente más de un paso, en las cuestiones que tienen que ver con el sexo. Ya sea por temor o por no meterse en sus vidas, lo cierto es que muchos dejan de conversar sobre el tema con sus hijos, y ya no les recuerdan sobre los peligros a los que se exponen si lo practican antes de tiempo.

Ahora bien, tú sabes mejor que nadie que no es tan sencillo esperar hasta casarte para tener un encuentro íntimo con la persona que amas. De hecho, si la amas es porque te atraen varios aspectos de su vida: su personalidad, su inteligencia, su creatividad, su simpatía y, por supuesto, ¡también te atrae físicamente! Eso significa que un beso, una caricia o un abrazo, todos pueden ser potenciales detonantes para pasar a otro nivel de intimidad.

Tal vez seas un joven o una jovencita que desea vivir bajo los principios bíblicos respecto a la sexualidad, porque reconoces que Dios tiene el mejor proyecto de vida que pueda existir para ti. Pero aun así experimentas emociones, sentimientos y sensaciones que ponen en riesgo tu compromiso de esperar virgen hasta el matrimonio. Sabemos que esto puede ser muy frustrante. Sin embargo, es natural que te sientas atraído sexualmente hacia tu prometido/a. Después de todo, la sexualidad forma parte del diseño de Dios para la humanidad, y tú no serás la excepción. ¿No es una buena noticia? ¡La cuestión es saber manejar las emociones para que estas no te dominen a ti!

Estableciendo normas para una sexualidad sana

Durante el noviazgo ustedes deberán establecer reglas que honren a Dios y con las que se honren mutuamente. Estas reglas deben incluir la forma en que vivirán, se relacionarán, e incluso la forma en que vestirán y actuarán. Fijarlas no solo les ayudará a tener integridad sexual durante su noviazgo y a disfrutar del sexo cuando se casen en total libertad y sin remordimientos, sino que también tendrán el hábito instalado como para seguir cuidando la pureza sexual en su matrimonio.

Piénsalo. Dios podría haber puesto en ti un botón de prendido y apagado para manejar las cuestiones de sexo. ¡Imagínate lo que hubiese ocurrido, y de las tensiones que te hubieses librado, si ese botón existiera y pudiera estar en modo "apagado" hasta tu noche de bodas! Antes no deberías lidiar con ningún aspecto sexual, y a partir de ese momento se despertarían en ti y en tu cónyuge todos los impulsos sexuales para que los disfruten libremente. Sin embargo, esa no es la realidad. Dios no te diseñó de ese modo. Él dejó en tus manos la decisión de vivir bajo su cosmovisión o no, ¡y te dotó con la capacidad de autocontrol!

Entendiendo la sexualidad

Veamos cómo andas de conocimientos: ¿Piensas que hay diferencia entre *sexo*, *relación sexual* y *sexualidad*? Muchas personas confunden el significado de estos tres términos, lo que hace más difícil que puedan tener una perspectiva clara y correcta al respecto.

Algunas respuestas que hemos escuchado en conferencias han sido genéricas y bastante confusas. *"La sexualidad es la reproducción humana y el disfrute sexual para la pareja, por lo tanto, no necesariamente tendría que haber un compromiso entre ambos"*, dijo una joven. Otro joven opinó que: *"el objetivo del sexo es la reproducción de nuestra especie"*. Y alguien agregó que: *"la sexualidad tiene que ver con la interacción social y afectiva"*.

¿Cómo haces frente a algo que no conoces o no interpretas apropiadamente? Dios nos dio un cerebro para que procesemos la información, para que la analicemos, evaluemos, generemos ideas, y para que posteriormente la apliquemos a la toma de decisiones. A este proceso se le llama pensar. Así que, ¡pensemos juntos!

El autor y conferencista Sixto Porras presenta en su libro *"Amor, Sexo y Noviazgo"* estos tres conceptos relacionados. Él explica que:

> *El sexo es un concepto que hace referencia a las condiciones por las que es posible diferenciar a los hombres de las mujeres, de acuerdo a su condición anatómica, a nivel de órganos y características sexuales secundarias.*

> *La relación sexual es, entonces, un encuentro muy íntimo que se puede expresar de manera corporal, pero para que esta experiencia sea placentera en el momento, y significante en su totalidad, requiere estar enmarcada dentro de un compromiso más profundo.*

La sexualidad, por otro lado, se refiere a la confluencia de una serie de facetas, es decir, de las tres dimensiones del ser humano: la dimensión espiritual, la dimensión fisiológica y psicológica – pensamientos, emociones y conductas-, y las nociones de relaciones sanas entre las personas: la atracción, el sentir y el amar. Es una realidad compleja y a la vez integradora; un conjunto de características genitales, afectivas, psicológicas, sociales y éticas que distinguen al varón de la mujer.

Como podemos ver, la sexualidad abarca todos los aspectos del ser humano. Integra nuestro cuerpo, espíritu, pensamientos, emociones y conductas, e incluye también nuestros impulsos sexuales, el sentir y el amor. Dicho de otro modo por el mismo autor, *"la sexualidad es una parte integral de la relación cercana y exclusiva con alguien. Responde a la necesidad de establecer relaciones significativas que generen un complemento.".*

La dimensión física se refiere a lo relativo al cuerpo, cómo funciona, su etapa de desarrollo, qué cosas lo afectan, y abarca también las sensaciones de dolor, placer, y acción-reacción. Supongamos que un joven tuvo relaciones sexuales con otras personas, lo que potencialmente lo convierte en portador de alguna enfermedad de transmisión sexual. Esto podría afectar parte de su cuerpo, lo que posiblemente se identifique por alguna molestia, comezón o dolor en esa parte, y su estado podría poner en riesgo la salud de su prometida.

La dimensión psicológica comprende los sentimientos, las creencias, las atribuciones y las expectativas con respecto a uno mismo, al mundo y a los demás. Comprende también las reacciones emocionales que se experimentan ante ciertas situaciones, como los comportamientos. Por ejemplo, el enojo que se siente ante una situación injusta, o la alegría ante la compañía de alguien que se considera valioso y atrayente. Siguiendo con el ejemplo del joven, una vez que confirma que es portador de alguna enfermedad, él se vuelve temeroso e inseguro con respecto a cómo deberá enfrentar esta realidad ante su prometida, y lidia con el miedo a que ella lo rechace y lo deje. Emocionalmente se encuentra afectado y con dificultades para tomar decisiones correctas.

La dimensión espiritual se refiere a la parte que alimenta y fortifica al ser humano. Se trata del principio vital en el que se toman las propias decisiones, y en donde radica la libertad y la voluntad. Esta dimensión se alimenta de una relación personal con Dios y determina los principios pertinentes para decidir acerca de los comportamientos buenos o malos, según una escala de valores que hemos decido aceptar como verdadera. El joven de nuestro ejemplo siente culpabilidad por no haber tenido en cuenta los valores que sus padres le enseñaron. Siente culpabilidad por sus decisiones, y enojo consigo mismo. Y siente vergüenza para acercarse a Dios, por lo cual decide enfrentar la situación sin él.

Como te darás cuenta, las tres dimensiones actúan de manera conjunta, dinámica y simultánea. Además, también debemos sumarle el área social. Cuando este joven hable con su prometida, con sus padres, y con sus amigos, de seguro ellos tendrán diversas reacciones. Por eso, si crees que una decisión como tener relaciones sexuales antes de casarte solo afectará un aspecto de tu vida, estás muy equivocado.

Por otra parte, muchos jóvenes ponen en riesgo su sexualidad futura por no dimensionar o por ignorar la complejidad que presenta. Al contrario de lo que muchos piensan, se trata de mucho más que un encuentro genital para satisfacer un impulso. En una relación sexual converge tu ser entero: cuerpo, mente, alma y espíritu. De ahí que más tarde aparezcan las luchas con recuerdos de relaciones sexuales pasadas, las imágenes, comparaciones, insatisfacciones, culpas, enfermedades, y otros problemas de índole espiritual que afectan a la pareja como resultado de la integración de uno de ellos con otro que no fue su cónyuge.

Conociendo la perspectiva de Dios

La sexualidad desde la perspectiva de Dios está relacionada con la aplicación de los principios y valores de su Palabra. Él es quien nos diseñó, y es quien colocó cada parte de nuestro cuerpo en su lugar, estableciendo sus funciones fisiológicas, emocionales y espirituales. Él nos dio la habilidad de conectarnos emocional y espiritualmente el uno con el otro, para el disfrute de la interacción social y también sexual. Por todo esto, para que puedas disfrutar plenamente de tu

sexualidad debes primero considerar los valores éticos y morales defi-
nidos por Dios en su Palabra.

La sexualidad debe ser vivida con total responsabilidad y fundamentada bajo el principio del amor. La sexualidad cimentada sobre el
principio del amor respeta al otro, lo protege, lo considera y lo valora.

La Biblia nos da a conocer claramente lo que Dios piensa sobre la
sexualidad. Veamos:

♦ Dios creó el sexo, y es bueno (Génesis 1, versículos 27 y 31).

♦ El sexo produce una unidad integral entre los cónyuges. Jesús
   dijo que los esposos llegan a ser un solo cuerpo cuando se unen
   (Marcos 10.6-8). Esto no solo se refiere a lo físico, sino también
   a todas las dimensiones de la sexualidad.

♦ Se debe vivir en pureza e integridad sexual. En 1 Corintios 6.18-
   20 leemos: *"Huyan de la inmoralidad sexual. Todos los demás pecados
   que una persona comete quedan fuera de su cuerpo; pero el que comete
   inmoralidades sexuales peca contra su propio cuerpo. ¿Acaso no saben
   que su cuerpo es templo del Espíritu Santo, quien está en ustedes y al que
   han recibido de parte de Dios? Ustedes no son sus propios dueños; fueron
   comprados por un precio. Por tanto, honren con su cuerpo a Dios"*.

♦ La inmoralidad sexual es pecado. El adulterio y la fornicación
   son actos inmorales. Fornicación es cuando dos personas que
   no están casadas tienen relaciones sexuales. Adulterio es cuando
   dos personas tienen relaciones sexuales y al menos una de ellas
   está casada con otra persona. En Éxodo 20.14 Dios manda:
   "No cometas adulterio", y en 1 Tesalonicenses 4.3 leemos que: *"La
   voluntad de Dios es que sean santificados; que se aparten de la inmoralidad
   sexual"*.

Ahora bien, analicemos algunos aspectos fundamentales de la sexualidad para tener una mejor comprensión de cómo funciona este diseño
divino:

Entendiende tu percepción

La sexualidad es algo complejo, y su impacto sobre la conducta del ser humano es múltiple. Además, es importante resaltar que la forma en que has construido tu sexualidad tiene que ver con la información y la percepción que recibiste de tus padres, de tu contexto familiar, de la escuela, de tus amigos, de la iglesia y de la cultura en general.

Tus padres te ayudaron a construir tus pensamientos y tus paradigmas sobre la sexualidad en general, y sobre tu propia sexualidad, por medio de sus enseñanzas, su acompañamiento, su conducta y su forma de relacionarse entre sí como matrimonio. Pueden haberlo hecho de la manera correcta, o pueden haber evitado hablar contigo sobre todo lo relacionado a la sexualidad. El educar a los hijos incluye desde responder preguntas básicas como *"¿De dónde vienen los niños?"* o *"¿En qué son diferentes los niños a las niñas?"*, hasta impartirles enseñanzas como: *"No permitas que nadie toque tus partes íntimas, y si alguien lo intenta sal corriendo a contárselo a papá y a mamá"*. Cuando los hijos crecen, hay padres que continúan educándolos en este aspecto, tratando temas como: *"¿Cuáles son los límites entre una relación de amistad y una de noviazgo?"* o *"¿Cómo debe ser una cita?"*. Tal vez simplemente te hayan enseñado el respeto a los demás con su propio ejemplo. O tal vez hayan hecho un pésimo trabajo en su rol de padres en este sentido. Incluso hay casos en que los hijos sufren todo tipo de abusos por parte de sus padres. (Si este ha sido tu caso, no dudes en buscar cuanto antes un mentor que pueda ayudarte a lidiar con esta área de tu vida. Aunque creas que ya pasó, que fue hace mucho tiempo, o que ya terminó porque te independizaste o porque vas a casarte, de seguro hay temas pendientes en tu vida que puedes y debes resolver con la ayuda de Dios y de algún consejero de confianza.)

Lo cierto es que, aún sin ir a casos extremos, muchos padres fallan simplemente porque no son proactivos en asumir la responsabilidad de enseñar a sus hijos desde pequeños una sexualidad sana. Esto puede ocurrir por ignorancia, temor, vergüenza o desidia. Lo más probable es que la mayoría de los padres no hayan tenido cuando eran pequeños, en su propia familia, un buen modelo de diálogo acerca de este tema. Lo más triste de esto es que, al no hacerse cargo los padres, otros terminan formando la sexualidad de sus hijos. De ahí la importancia de que prestes especial atención a qué es lo que tienes incorporado dentro de tu estructura mental respecto de la sexualidad.

Además de esto, debes prestar atención a quiénes son los que te influencian *hoy* con respecto a estos temas. Tus amigos cristianos, por ejemplo, pueden ejercer una influencia positiva sobre ti. Si tienes amigos que abrazan tus mismos valores y creencias, ellos te ayudarán a mantenerte en el plan que trazaste para tu vida. La forma en que tus amigos hablan y actúan, sus decisiones y sus consejos, todo esto será trascendental en tu vida.

Sin embargo otros amigos, posiblemente desde su ignorancia, sus propias experiencias y su cosmovisión particular, pueden haberte compartido conceptos, informaciones y estereotipos errados sobre la sexualidad. No debes subestimar la influencia que puedes recibir de tus amigos sin darte cuenta. Tener amigos es grandioso, pero ten en cuenta que puede haber amistades que sean tóxicas para ti y para tus planes futuros.

¿Quieres saber qué grado de influencia sobre ti tienen las distintas personas en tu vida? Dibuja un punto en el centro de un papel. Ese serás tú. Dibuja ahora un círculo pequeño alrededor de ese punto. Allí incluirás a unos pocos, quienes formarán parte de tu grupo íntimo de amigos. Busca que sean personas con tus mismos principios y fe, ya que a ellos les permitirás que lleguen a tu corazón, que te acompañen en los momentos más importantes, y que te aconsejen. Dibuja ahora otro círculo un poco más grande. Allí estarán aquellos con quienes sueles compartir tiempo, pero con quienes tienes una relación más superficial. Serán personas a quienes no les sueles compartir tus intimidades ni les pides consejos personales. En esta categoría puedes incluir también a familiares, compañeros de trabajo, amigos del club, etc. Por último, dibuja un círculo más grande. *Fuera* de ese círculo debes poner a aquellos que son perjudiciales para ti. Por ejemplo, a aquellos que por sus valores y sus perspectivas tan diferentes a las tuyas, pueden darte ejemplos o consejos que no te conviene seguir.

Al escribir esto, recordamos a un joven que había hecho todo lo posible por restaurar su sexualidad, acudiendo a un grupo de consejería dentro de la iglesia. Al principio fue más sencillo para él, por el entusiasmo y la determinación que tenía de alejarse de la vida promiscua de la cual venía. Incluso había formado en la iglesia amistades a quienes veía cada fin de semana. Sin embargo, con el paso de los meses él empezó a frecuentar también amistades del trabajo, quienes solían reunirse con frecuencia a tomar alcohol y fumar marihuana, además de contar sus experiencias sexuales y pasarse por mensajes videos de contenido sexual explícito. Como era de esperarse, con el correr del tiempo este muchacho volvió a sus antiguos hábitos. Al no poner límites respecto de con quiénes se quería relacionar y con quiénes no, él fácilmente cedió y volvió a aquello que había experimentado y le había causado tanto daño.

Por otra parte, tus amigos no son los únicos que tienen influencia sobre ti. La cultura de hoy es dirigida por los medios de comunicación. Las películas, las series, las telenovelas, la música, y los famosos modelan la sexualidad a su antojo, basados en el libertinaje y la inmoralidad, y les hacen creer a los jóvenes que los valores y los principios eternos son retrógrados, y que cada uno puede vivir como mejor le parezca. La promiscuidad ha permeado a la sociedad en general y, aunque todos son conscientes de las consecuencias, la mayoría no se detiene a analizar las causas, y mucho menos a reconocer que la ausencia de valores es lo que ocasiona tantos sufrimientos.

El problema es que una sexualidad dañada afecta la percepción hacia uno mismo, hacia los demás y hacia Dios. De ahí la importancia de que identifiques tus paradigmas y los analices a la luz de la Biblia. Jesús dijo: *"El cielo y la tierra pasarán, pero mis palabras jamás pasarán"* (Mateo 24.35). Las personas pasarán, y sus pensamientos quedarán sepultados con ellos, pero lo que estará vigente por toda la eternidad es la Palabra de Dios. No importa lo que los ídolos de este mundo enseñen y prediquen a voces; la única forma de pensar que quedará será la de Dios. Pero tú debes elegir a quien creerás y a quién obedecerás. Debes elegir si bailarás al son de la música de este mundo, o si oirás la voz de aquel que te llamó a que salgas de la oscuridad a su luz admirable (1 Pedro 2.9).

Y recuerda que si necesitas consejo o guía sobre alguno de estos temas puedes buscar la ayuda de un consejero cristiano. A pesar de que sigue siendo un tema que no todos están dispuestos a hablar con profundidad, sinceridad e inteligencia, la iglesia también ha contribuido de manera favorable a la educación sexual sana en adolescentes y jóvenes. Busca mentores dentro de la comunidad de fe que puedan guiarte con sus experiencias, testimonio y conocimientos sobre el tema. Además, lee libros que te ayuden a fortalecer tu sexualidad y esclarecer tus dudas. ¡La ayuda está disponible, pero tú debes buscarla!

Sanando su historia sexual

1- Relaciones sexuales anteriores

Existen dos posturas con respecto a si conviene conversar, o no, con el futuro cónyuge sobre las experiencias sexuales anteriores. Por un lado hay quienes dicen que no es necesario, y por el otro están quienes sostienen de que sí. Hablar de relaciones pasadas sin duda produce incomodidad, por lo que muchos se aferran a eso de que "el pasado debe ser enterrado" y evitan tocar el tema. Además, si uno de los dos ha tenido más experiencias sexuales que el otro, podría temer que eso genere celos, inseguridad o resentimiento. Por otro lado, si tu pareja ha mantenido su pureza sexual y tú no, posiblemente sientas remordimientos y vergüenza, por lo que preferirías callarlo.

Desde nuestro punto de vista, es absolutamente necesario que puedas hablar con franqueza con tu prometido/a sobre este tema así como sobre cualquier otro. No pueden comenzar una relación basándose en mentiras u ocultándose cosas. No es necesario hablar de todos los detalles de tus relaciones pasadas, pero sí decir la verdad. Además, la realidad muestra que más y más jóvenes empiezan a tener relaciones sexuales a temprana edad, por lo cual muchos ya han tenido sexo con más de dos o tres parejas para el momento en que toman la decisión de casarse. Entonces, además de una cuestión de moral, ya pasa a ser un tema de salud. Considera, por ejemplo, los riesgos de contraer enfermedades venéreas u otras enfermedades de transmisión sexual. Imagínate que tu prometido/a haya tenido una vida promiscua y que no te lo cuente. Incluso aunque haya tenido relaciones sexuales con solo una persona, no existe garantía que esa otra persona no haya tenido antes relaciones con otras. Por lo tanto, necesitan decirse la verdad para tomar las precauciones necesarias antes de casarse. Deben realizarse exámenes médicos para descartar cualquier enfermedad o, en el caso de que exista, para tratarla. Recuerden que el amor protege, y no busca lo suyo, sino el bien del otro. Cuando amas a alguien, debes decidir ser honesto con esa persona.

Esto nos recuerda el caso de un muchacho que había tenido relaciones sexuales con muchas mujeres antes de conocer a Jesús. Luego él conoció en su iglesia a una joven maravillosa, la cual había mantenido su integridad sexual. Cuando él le propuso matrimonio, le confesó esta parte de su historia y le dijo que estaba dispuesto a someterse a todos los estudios médicos para descartar cualquier enfermedad o posibilidad de contagio. Y que en el caso de que se descubriera que él tenía alguna enfermedad, dejaba en manos de su novia la decisión de continuar o no con la relación. Ella estuvo muy agradecida por su honestidad, y se sintió conmovida por el amor que él le demostró, a pesar de que corría el riesgo de perderla. Finalmente continuaron, y hoy siguen escribiendo su historia de amor juntos.

Sin lugar a dudas, cuando hablen de estos temas ambos deben cuidar de no reprocharse aquello que forma parte del pasado de su pareja, ya que lo hecho, hecho está, y no se puede cambiar. Si realmente se aman, dejen su pasado en el pasado. Si necesitan perdonar, háganlo, restauren su relación, olviden, y construyan juntos una vida nueva a partir de ahora.

2- Pornografía

Recordamos haber escuchado una plenaria magistral del experimentado autor y líder Josh McDowell, durante una capacitación internacional de liderazgo, donde en voz baja pero con autoridad lanzó una pregunta que fue directo al corazón de todos los líderes de jóvenes presentes. Él preguntó: "¿Saben cuál es el mayor obstáculo para la causa de Cristo, el que está destruyendo más hogares, pastores, ministerios y líderes?" Hubo un silencio absoluto en el auditorio. Y luego él nos dio la respuesta: "¡La pornografía omnipresente en Internet!".

Las estadísticas que compartió, luego de un exhaustivo estudio que había realizado sobre el tema, fueron desgarradoras y difíciles de digerir. Josh habló del aumento en la cantidad de sitios web dedicados a la pornografía, señalando que en 1998 había 14 millones de sitios, y que para el 2015 ya había ¡2 billones! ¡Y todo a un solo clic de distancia! Como ves, ni la iglesia, ni el hogar, ni la escuela son el centro de educación sexual del siglo XXI. ¡¡Google lo es!!

Les compartimos esto aquí porque la pornografía es uno de los grandes flagelos que están golpeando fuertemente a muchos matrimonios, incluso a matrimonios cristianos. La pornografía representa un problema para muchas parejas, antes y después de casarse, y la vida sexual de muchos matrimonios está sufriendo serios conflictos o destrucción a raíz de que uno de sus integrantes, o ambos, están sumidos en la pornografía.

Estar expuestos a la pornografía representa un gran problema por varios motivos. Uno de los principales es que genera una especie de "adicción", porque cada vez se necesita más, y no solo se necesita más, sino que se necesita "diferente" para sostener los niveles de dopamina en el cerebro. Una persona fácilmente podría pasar de ver pornografía heterosexual a ver pornografía con lesbianismo y homosexualidad, hasta llegar a la pornografía infantil. Y el siguiente paso muchas veces es actuarlo o vivirlo.

Nunca subestimes este tema. Jamás pienses que lo tienes controlado, o que no hay problema ya que nadie se da cuenta. Si eres adicto a la pornografía, busca ayuda. Busca alguien que te guíe, con quien puedas hablar del tema, y a quien puedas rendirle cuentas hasta que quedes completamente libre.

Hebreos 12.1 dice: *"Por tanto, también nosotros, que estamos rodeados de una multitud tan grande de testigos, despojémonos del lastre que nos estorba, en especial del pecado que nos asedia, y corramos con perseverancia la carrera que tenemos por delante".*

3- Abusos

El abuso sexual es una de las experiencias más dolorosas y difíciles que una persona pueda atravesar, y tristemente un alto índice de personas lo experimentan en su niñez y/o adolescencia.

Si eres alguien que ha sufrido abuso sexual y eres sincero contigo mismo, si ves que de alguna manera te ha dañado o que no puedes escapar de ese pasado que por momentos te alcanza, ¡no dudes ni un segundo en buscar ayuda! No tienes que lidiar tú solo con esto. Hay personas preparadas para ayudarte. Aunque sea hazlo por el bien de tu futuro matrimonio: antes de casarte tienes que resolver y sanar todas aquellas áreas de tu vida que podrían afectar tu futuro y el de tu pareja.

Claro que será difícil escarbar en tu pasado, y probablemente en algún secreto oscuro de tu familia, pero sin la ayuda adecuada es muy probable que no logres nunca una mejoría. Tampoco es una buena idea pensar que el tiempo borrará todas las heridas, porque no lo hará. Por esto es importante que encuentres un consejero adulto, maduro en la fe, preparado y calificado, para que pueda ayudarte en este tema.

Seguramente en tu comunidad de fe, o en alguna otra comunidad cercana, habrá alguna persona lo suficientemente preparada como para colaborar contigo en esta situación. Te reiteramos: busca ayuda, no lo sufras solo. Deja de lado el temor y la vergüenza. Dios está más interesado que nadie en sanar tus heridas. Tan solo permite que lo haga...

Asumiendo un compromiso de pureza sexual para toda la vida

Es indispensable que ambos comprendan que el camino correcto hacia un matrimonio saludable se fortalece a través del compromiso mutuo de abstinencia sexual. Dios quiere lo mejor para tu vida y la de tu pareja, y cuando estén dentro de sus parámetros podrán disfrutar de esa hermosa conexión física, espiritual y emocional que tanto anhelan conocer.

En su libro *"Cómo prepararse para el matrimonio"*, Jim Burns y Doug Fields comentan que nuestra sexualidad es un regalo de Dios, y que por lo tanto es algo hermoso, disfrutable, sagrado e incluso espiritual. En la cultura de hoy, sin embargo, el sexo se ha denigrado hasta reducirlo a un encuentro casual y sin compromiso.

Tu sexualidad es una parte tan importante de tu relación y de tu vida que queremos desafiarte a que la trates con el mayor de los respetos. Aunque es considerado raro en esta cultura que las parejas esperen a tener relaciones sexuales recién en el matrimonio, la Biblia es bastante clara en que el sexo antes del matrimonio no es la intención de Dios. Su deseo es que tú y tu pareja disfruten de la belleza que el matrimonio encierra en cuanto a las relaciones sexuales.

Queremos desafiarte. No importa cuál sea tu pasado o tu situación actual, invierte en tu matrimonio absteniéndote de tener relaciones sexuales por el resto de tu compromiso. Esto puede ser difícil, ya que realmente estás enamorado de la otra persona, pero el regalo de la abstinencia prematrimonial que le darás a tu cónyuge en tu noche de bodas es uno de los mejores regalos que podrías darle. Luego, llegado el momento, podrán disfrutar del regalo maravilloso que Dios les dio a todos aquellos que se embarcan en este viaje: ¡Sexo en el matrimonio!

Pero el desafío no termina allí. ¡Comprométanse hoy mismo a mantener, a partir de aquí, su pureza sexual, no solo antes de la boda, sino dentro del matrimonio, huyéndole a cualquier tentación sexual que se les presente y que pueda arruinar su relación de pareja!

Un compromiso, en sencillas palabras, significa cumplir con nuestras promesas pase lo que pase. El matrimonio es el pacto de dos personas que se comprometen incondicionalmente y se determinan a mantener firme esa unión a través del tiempo y de las distintas situaciones que les toque vivir, ya sean buenas o malas. Lo que pocos mencionan en la ceremonia de bodas es que este compromiso deberá ser renovado y nutrido día a día, ya que seguramente será probado en múltiples ocasiones.

Todos podemos cometer errores, y cada error tiene el potencial de afectar nuestras vidas y de dañar las de las personas que nos rodean. Así es que seamos sabios, y pongamos atención cuando se enciendan las luces de alarma en alguno de estos temas.

Sin embargo, pase lo que pase, ¡recuerden que no todo está perdido! La buena noticia es que la gracia, la misericordia y el perdón de Dios están más cerca de lo que imaginamos. Dios es un Dios de nuevas oportunidades y nuevos comienzos, y ustedes pueden tener un nuevo comienzo hoy mismo, si así lo deciden...

Capítulo X

Principios para CONSTRUIR su Hogar

Hay una hermosa parábola de los nativos americanos Cherokee, en la cual leemos sobre un abuelo que le cuenta a su nieto acerca de una batalla que es librada en la mente de cada persona. *"Existe una pelea dentro de cada uno de nosotros"*, explica el abuelo. *"Se trata de una terrible pelea entre dos lobos. Un lobo es malo. Es ira, celos, envidia, avaricia, amargura, arrogancia, autocompasión, culpa, resentimiento, temor... El otro lobo es bueno. Es alegría, paz, amor, serenidad, bondad, compasión, esperanza..."* El niño piensa por unos minutos en lo que su abuelo acaba de decirle, y luego le pregunta: *"Abuelo, ¿cuál de los dos lobos ganará?"*. Entonces el abuelo le responde: *"El lobo que tú alimentes"*.

La familia es el círculo de personas más poderoso que existe. Es ahí donde el ser humano es alimentado y nutrido emocionalmente. De su seno pueden surgir personas inseguras, emocionalmente débiles, incapaces de tomar decisiones sabias, temerosas, y egoístas. O se pueden formar en ella personas capaces de crear, de amar, de construir, de ayudar a otros, de realizar cambios significativos, y de instaurar en el mundo aquellos principios que son eternos e inmutables.

Pero todo comienza en la familia. Por eso decimos que puede ser la fuerza de transformación más poderosa, o el arma más mortal para una sociedad. Si te preguntas por qué el mundo está como está, solo mira a las familias a tu alrededor. Las de tu vecindario, las de tus amistades, las de tus compañeros de trabajo. Échale un vistazo a su composición, sus valores y creencias, sus principios y sus hábitos, y allí encontrarás las respuestas.

Hay un viejo refrán que dice que el fruto no cae lejos del árbol. A veces puedes preguntarte, por ejemplo, por qué alguien es tan avaro y egoísta, y luego con solo mirar a sus padres puedes entenderlo. Esto tiene que ver con los paradigmas que cada familia transmite.

Por eso, ahora que estás proyectando formar tu propia familia es importantísimo que consideres las alternativas y te decidas por el modelo de familia que Dios nos da en su Palabra. Así te asegurarás el mejor futuro no solo para tu relación matrimonial, sino también para la formación de tus hijos. Es determinante que hagas esto antes de casarte, porque el desacuerdo en cuestiones de base como lo son los principios, puede derribar un hogar. A la larga, y sin quererlo, podrían estar alimentando al lobo malo.

Si deseas que tu familia alcance su máximo potencial y que tenga éxito en todas las áreas de la vida, entonces debes considerar ciertas estrategias que te ayudarán a llegar a tu meta...

Edifica tu vida sobre principios sólidos

El mundo que conocemos está regido por las leyes de la naturaleza. A estas leyes también se las llama "principios". Si pateas una pelota de fútbol hacia arriba, puedes estar seguro de que caerá al suelo. Esto ocurre por la fuerza de la gravedad, la cual es un principio. Lo único que puede variar, dependiendo de la fuerza con que hayas pateado, será cuánto tiempo tarde en caer, o a qué distancia lo haga. Pero caer caerá sin ninguna duda.

Así como hay principios que rigen el mundo físico, también los hay en las relaciones humanas. La confianza, por ejemplo, es un principio. Si eres alguien confiable, es más probable que las personas te cuenten sus secretos, o que te coloquen en puestos de trabajo claves. Por otra parte, si no eres confiable, tarde o temprano todo el mundo lo sabrá y entonces habrás perdido toda credibilidad.

Otro principio es la verdad. Si te conduces siempre con la verdad, los demás creerán en ti. Pero si acostumbras a decir medias verdades, o a ocultar cosas, todos te considerarán un mentiroso y se apartarán de tu lado.

Otros principios son el servicio, la siembra y la cosecha, la honra, la generosidad, el amor, la responsabilidad, la justicia y la libertad, por mencionar solo unos cuantos.

Los principios son eternos y universales. No se alteran por nada ni nadie. No puedes ir en contra de ellos, y te aseguramos que serás el único perjudicado si los enfrentas. Ningún poderoso, magnate millonario ni intelectual puede ir en contra de los principios. No existe fuerza que los destruya. Y, como lo expresó Sean Covey en su libro *"Las 6 decisiones más importantes de tu vida"*, debemos recordar que: *"Como los principios nunca fallan, son los mejores pilares en torno a los cuales centrar nuestra vida. Cuando nos centramos en ellos, los demás aspectos importantes -amigos, novio o novia, escuela y familia- ocupan el lugar que les corresponde. Aunque parezca mentira, anteponer los principios a todo lo demás es la clave para lograr mejores resultados en estas otras áreas de nuestra vida".*

Empieza por ti

Si centras tu vida alrededor de los principios correctos tendrás garantizado que las cosas marcharán bien. La Biblia nos muestra cuáles son esos principios y, si los aplicas, serás bendecido. En Deuteronomio 28.1-2 dice que si escuchas al Señor tu Dios, y cumples fielmente todos sus mandamientos, él te dará honor, y las bendiciones que trae la obediencia vendrán sobre ti y te acompañarán siempre. Dios se rige por los principios que él mismo ha establecido, y si dice que te bendecirá, ¡así lo hará! En Números 23.19 leemos: *"Dios no es un simple mortal para mentir y cambiar de parecer. ¿Acaso no cumple lo que promete ni lleva a cabo lo que dice?"*

El principio de la siembra y la cosecha

El primer principio que queremos compartir contigo es el principio de la siembra y la cosecha. Si plantas una semilla de naranjo, al tiempo crecerá una planta, un naranjo, que luego dará frutos: naranjas. Pero para que esto sea posible debes remover la tierra, plantar la semilla, regarla, esperar un poco, y cuidar el suelo y la planta que ha crecido. Todo este proceso requiere de esfuerzo, sacrificio y dedicación. ¿Cuál es el resultado de todo tu trabajo? Como resultado podrás disfrutar de los frutos. ¡Podrás tomar refrescantes jugos de naranja y comer deliciosos budines de naranja!

Generalmente la gente se olvida de este principio. Todo lo que siembras en la vida, requiere de tiempo y paciencia. La ley de siembra y cosecha dice: si plantas hoy, recogerás frutos ¡más tarde! Uno dice: *"Si tuviera un mejor salario, cumpliría mejor con mis responsabilidades"*. Otros sostiene: *"El día en que trabaje en algo que realmente me apasione, pondré todo mi empeño y llegaré temprano al trabajo"*. Una mujer afirma: *"Si mi esposo fuera más cariñoso, le daría toda la atención que él espera"*.

Las cosas en la vida no funcionan así. ¡Conviértete en el mejor en lo que haces! Si barres el piso de una oficina, que sea el piso más brillante del edificio. Si lavas platos en un restaurante, que tus platos sean los más limpios. Tener este tipo de mentalidad hará que te sientas mejor contigo mismo, que te saques la carga de la inconformidad y de la frustración, y además te abrirá mayores oportunidades para el futuro. Lo que estás haciendo es sembrar bien. Si eres constante, paciente y trabajador, tarde o temprano alguien lo verá. Te ganarás el reconocimiento de las personas para quienes trabajas, y hasta puede que te aumenten el salario o que te asciendan de puesto. Y aun si nadie lo ve, de seguro tu visión se extenderá, y hasta podrías abrir tu propia empresa de limpieza. Primero viene el esfuerzo, luego la recompensa. *"¿Has visto a alguien diligente en su trabajo? Se codeará con reyes, y nunca será un Don Nadie"* (Proverbios 22.29).

¿Quieres que en tu futuro matrimonio la fidelidad sea uno de los fundamentos de tu hogar? Entonces sé fiel, en palabras y acciones, desde el principio. No coquetees con otra persona, aunque te parezca solo un juego. Es una traición. No deberías hacerlo, en primer lugar porque deberías ser íntegro, de una sola pieza, lo cual significa que no tienes una doble vida. Y en segundo lugar, porque debes cuidar el corazón de la persona que te ama y espera lo mejor de ti. Si lo haces podrías involucrarte en situaciones comprometedoras y dolorosas, e incluso perder a la persona que amas.

¿Quieres ser prosperado en lo económico y gozar de buena salud? Entonces, no gastes dinero que no tienes en tarjetas de crédito y préstamos, porque según el principio de la siembra y la cosecha, lo que obtendrás serán deudas, y estas te llevarán a situaciones de mucha presión. Si quieres gozar de buena salud, cuida tu alimentación, haz ejercicio, y no dañes tu cuerpo con cigarrillos, drogas, sustancias nocivas o una alimentación desmedida.

Cuando los principios de la Palabra de Dios son los cimientos de tu vida, sobre los cuales tomas tus decisiones y actúas, entonces con el tiempo recogerás lo que sembraste. Siembra en tu relación de pareja respeto, consideración, buenas palabras, y amabilidad, y entonces cosecharás respeto, agradecimiento, afecto, y valoración.

El principio de 'causa y efecto'

Toda causa tiene un efecto, y toda decisión trae una consecuencia. De esto se trata el principio de causa y efecto. ¿Eres amable con tus compañeros de trabajo? De seguro ellos tendrán buen concepto de ti. ¿Te alimentas bien y te ejercitas? Disfrutarás de una buena salud física.

Si bien es cierto que en ocasiones las cosas podrían no salir bien, porque pueden estar más relacionadas con el ambiente y con las personas que nos rodean, lo cierto es que son nuestras propias decisiones las que determinan el rumbo que tomará nuestra vida.

En lugar de mirar todo el tiempo a tu alrededor y ver lo bien que les va a los demás, debes concentrarte en ti mismo. No te victimices, ni tampoco le eches toda la culpa a "las circunstancias". Tus acciones determinan en gran medida tus circunstancias. Por eso, más que llorar y desanimarte porque las cosas no te salen bien, debes examinarte a ti mismo, evaluarte sinceramente, y reconocer qué ajustes y correcciones necesitas hacer para mejorar.

El principio del progreso

Sé diligente en lo que haces, aunque te parezca poca cosa. Debes entender que la vida se construye con detalles, de menos a más.

Crecer implica progresión. Te encontrabas en un punto y luego pasaste al siguiente, y así sucesivamente. Las personas que renuncian muchas veces lo hacen porque no entienden este principio. Quieren llegar directo a la cima sin antes haber escalado. Y apenas tienen un resbalón retroceden, porque piensan que ya todo terminó.

Recuerda: en la vida tendrás subidas y bajadas, pero lo que marcará la diferencia será tu constancia, determinación, esfuerzo y trabajo duro. *"No nos cansemos de hacer el bien, porque a su debido tiempo cosecharemos si no nos damos por vencidos"* (Gálatas 6.9).

El principio del amor

La humanidad ha interpretado, erróneamente, al amor como si fuera un sentimiento. Y Hollywood ha reforzado esta equivocación mostrando siempre un amor condicional, mientras las cosas funcionen, o una demostración de amor sujeta al sexo.

En la vida real, es imposible que una relación de pareja perdure por una simple emoción. Lo mismo sucede con las demás relaciones interpersonales. Las emociones van y vienen, y están condicionadas por el estado de ánimo. ¡Imagínate el caos que se produciría si ayer amaneciste con ganas de ser amable porque te sentías de buen humor, y hoy estás áspero y desagradable porque en la noche no dormiste bien! Si el amor fuera un sentimiento, ¡hoy amarías a tu esposa y mañana posiblemente no!

El amor es mucho más que sentir. El amor es una decisión. Y debe ser la base de todas nuestras relaciones interpersonales. El principio del amor dice que debes amar por encima de las diferencias, las circunstancias, los intereses, los errores, y las decepciones.

En los primeros versículos de 1 Corintios 13 leemos que podemos tener dones espirituales, pero si no tenemos amor, somos huecos, estamos vacíos y solo alardeamos. Incluso si tenemos una gran fe y entendemos todo, pero nos falta amor, no somos nada. Hasta podemos dar a los pobres todo lo que tenemos, y aún entregar nuestros cuerpos para ser quemados, pero si no tenemos amor, nada ganamos con eso. Luego en los versículos 4 al 8 se describe el amor de esta manera:

"El amor es paciente, es bondadoso. El amor no es envidioso ni jactancioso ni orgulloso. No se comporta con rudeza, no es egoísta, no se enoja fácilmente, no guarda rencor. El amor no se deleita en la maldad sino que se regocija con la verdad. Todo lo disculpa, todo lo cree, todo lo espera, todo lo soporta. El amor jamás se extingue..."

En cierta oportunidad participamos de una dinámica en donde teníamos que reemplazar en este pasaje la palabra "amor" con nuestros propios nombres. Cuando lo hicimos, todos compartimos lo mismo: ¡sentíamos que nos quedaba grande la descripción! Ninguno cumplía con todo lo que se lista allí. No siempre somos lo suficientemente pacientes o bondadosos. Esto lo podemos comprobar fácilmente cuando estamos en el tráfico y el conductor que va delante nos exaspera. A todos nos cuesta pasar por alto las ofensas. Todos a veces sentimos envidia, todos guardamos rencor... y la lista podría seguir. Luego de compartir nuestras experiencias, la siguiente consigna fue que reemplazáramos en el pasaje la palabra "amor" con el nombre de Jesús. ¡Ah, así todo sonó diferente! ¡El zapato le calzaba perfecto! Esos adjetivos lo describían muy bien. ¡Jesús es todo eso!

Por un momento nos sentimos aliviados de la carga, de la responsabilidad de amar así de bien. Pero en seguida se nos pidió que leyéramos Juan 13.34-35, y la cosa cobró un giro inesperado. Allí encontramos a Jesús diciendo: *"Este mandamiento nuevo les doy: que se amen los unos a los otros. Así como yo los he amado, también ustedes deben amarse los unos a los otros. De este modo todos sabrán que son mis discípulos..."*.

¡Jesús nos enseñó con su ejemplo cómo debemos amar, para que nosotros amemos de la misma manera! Si él supiera que no lo podemos lograr, nunca nos lo hubiese mandado. Entonces, ya no amamos con nuestras propias fuerzas, o de la manera en que nos han amado otras personas (menos mal, porque ninguna de estas formas realmente funciona), sino que ahora podemos amar como Jesús nos ama. ¡Que gran noticia!

Al comprender que el amor en su forma más pura es incondicional, tus relaciones interpersonales mejorarán drásticamente. Tu amor hacia los demás no dependerá de su comportamiento, de sus logros, de su reputación, de cómo te traten, o de cualquier otra condición. Ahora sabes que debes amarlos como Jesús te amó a ti.

Stephen R. Covey resaltó en su libro *"Los 7 hábitos de las familias altamente efectivas"* las tres leyes principales del amor: *"Aceptación más que rechazo, comprensión más que juicio, y participación más que manipulación"*. Él enseña que estas leyes son el fundamento de una cultura familiar hermosa, porque solo cuando vivimos las leyes principales del amor tenemos el valor de obedecer las leyes principales de la vida, tales como la honestidad, la responsabilidad, y otras...

Cuando haces esto, no necesitas luchar con tus seres queridos para conducirlos hacia donde crees que es el camino correcto. Como el ambiente familiar es de aceptación, respeto, consideración, confianza y amor incondicional, ellos se sentirán amados. Y, como consecuencia de esto, desearán buscar caminos de crecimiento. El amor debe ser la base de todas nuestras relaciones humanas, y el motor que nos impulse a ser mejores personas cada día.

Ponte de acuerdo con tu prometido

Si haz decidido que tu vida se rija por estos principios, necesitas ponerte de acuerdo con tu prometido respecto a ello. La Biblia nos dice que dos no pueden andar juntos si no están de acuerdo (Amós 3.3). Si uno intenta ir por un camino y el otro por otro camino, ambos se encontrarán ejerciendo fuerza para intentar llevar consigo al otro. Esto traerá mucho desgaste a la pareja, y tremendos conflictos cuando tengan hijos. Eviten avanzar en su relación si no logran abrazar los mismos principios.

Si quieres que en tu hogar haya espacio para las equivocaciones, y el perdón es un principio que deseas que sea practicado, pero sin embargo tu prometido es rencoroso e intransigente, manifestando su enojo con silencio, o con gritos y reproches, entonces difícilmente puedas lograr una relación constructiva y de restauración.

Lo mismo ocurre en el área de las finanzas. Si uno de los dos desea que el principio de la mayordomía conduzca su economía, basándose en la buena administración de los recursos, y el otro malgasta el dinero de manera irresponsable y compulsiva, entonces tendrán muchas fricciones. Recuerden que, como ya lo hemos dicho antes, uno de los principales motivos de separación de las parejas son las cuestiones de dinero.

Por supuesto esto aplica también al aspecto espiritual. Si no tienen las mismas creencias, la misma fe, entonces tendrán conflictos en todas las demás áreas de la vida, porque sus perspectivas de la vida serán diferentes. Ya hablamos de esto al comenzar el libro, pero queremos darles otra oportunidad para reflexionar sobre el tema antes de finalizarlo. Insistimos: no es recomendable que continúen con su relación si no están absolutamente seguros de que ambos comparten la misma fe en Cristo, y de que Dios es el centro de sus vidas. ¡No nos alcanzarían las palabras para explicarles cuántos sufrimientos se estarían buscando, tanto para el matrimonio como para sus futuros hijos, si deciden pasar por alto estas diferencias como si fueran un detalle menor!

No en vano la Biblia dice, en 2 Corintios 6.14-15, lo siguiente: *"No formen yunta con los incrédulos. ¿Qué tienen en común la justicia y la maldad? ¿O qué comunión puede tener la luz con la oscuridad? ¿Qué armonía tiene Cristo con el diablo? ¿Qué tiene en común un creyente con un incrédulo?"*.

En este pasaje Pablo usa ejemplos totalmente antagónicos para explicar que no puede haber armonía cuando los valores, creencias y principios son totalmente opuestos. Esto incluso puede aplicarse a personas que abrazan la misma fe pero cuyas perspectivas en cuanto al estilo de vida que quieren llevar son diferentes, o cuando uno de los dos desea involucrarse activamente en su iglesia y el otro se resiste a hacerlo. También pueden considerarse en este punto las diferencias intelectuales y sociales.

Discutan juntos sobre sus principios, utilicen ejemplos de su vida diaria, e imaginen escenarios futuros para ver cómo sus diferencias afectarían la vida cotidiana y su forma de llevar adelante la familia.

Y si están de acuerdo en todo lo fundamental, pero encuentran que hay algunas pequeñas cuestiones que deberían modificar, entonces háganlo cuanto antes.

Corrijan y pongan en orden por separado sus vidas, para que luego puedan potenciarse mutuamente y construir juntos un hogar fuerte y firme. Si alguno roba, que ya no lo haga; si miente, que ahora se ejercite en decir la verdad; si se presta a coimas, que deje de hacerlo; si pide dinero y no lo devuelve, que se ponga al día con sus deudas; si es agresivo, que aprenda a ejercer dominio propio. Y por supuesto, si hay aspectos en sus vidas que no consiguen modificar ustedes solos, busquen la ayuda de un mentor, consejero, líder o alguien de confianza que viva una vida de fe y principios, para que pueda acompañarlos y guiarlos.

Trabaja sobre los hábitos

Si intentas cruzar los brazos al revés, lo sentirías muy raro. Pero si durante un periodo de un mes lo haces cinco veces cada día, entonces luego ya no te parecerá extraño. Posiblemente lo sigas haciendo incluso de manera automática, porque has adquirido el hábito.

Los hábitos son acciones que realizamos de manera automática. Lo hacemos sin pensar, porque se han instalado en nuestras mentes por repetición. El problema es que no todos los hábitos son buenos, y hay incluso algunos que podrían ser destructivos para tu vida y tu matrimonio. Por eso, debes apresurarte a identificarlos y a reconocer que los tienes. Es imposible que seas libre si no admites primero que eres esclavo de una mala costumbre que se ha enraizado en tu interior.

Entrar a una etapa de compromiso sin corregir o modificar primero tus malos hábitos pone en riesgo, además, toda la futura cultura familiar. Tal como lo explicamos en capítulos anteriores, los buenos y los malos hábitos son transferidos a nuestra familia, ya sea de manera intencional o sin quererlo. Aunque creas que nadie te ve, los hábitos se pasarán de manera imperceptible a tus hijos. Pensar que con tus malos hábitos no afectarás en nada a tu familia es como creer que si tocas fuego no te quemarás.

Los buenos hábitos son aquellos que te hacen mejor persona. Ellos te colocan en los lugares correctos, te hacen fuerte y te brindan seguridad. Cuando pedimos a las personas que identifiquen sus buenos hábitos, suelen respondernos cosas como: *"Acostumbro a llegar temprano a todas mis reuniones"*, *"Me ejercito físicamente tres veces la semana"*, *"Me alimento correctamente"*, *"Leo, leo y leo todas las noches"*, *"Me preparo con anticipación para cada examen"*, *"Duermo siete horas por noche"*, *"Analizo con cautela cada situación que requiera una decisión"*. Todos estos son excelentes ejemplos de buenos hábitos. Todos benefician a la persona porque promueven y mejoran su rendimiento en el trabajo, en la familia y a nivel personal.

En un artículo de BBC Mundo sobre las rutinas de ejercicios que practican los altos ejecutivos para mejorar su rendimiento en el trabajo, un empresario exitoso afirmó esto: *"Creo firmemente que (el ejercicio) ayuda al rendimiento. En mi caso, cuando me siento sano y hago ejercicio, me alimento bien y descanso lo suficiente, soy mucho más productivo en el trabajo"*. Otro dijo: *"Si no estás sano, no puedes tener una mente sana, no tienes creatividad, no tienes energía y la productividad cae"*. Sus buenos hábitos los han llevado al éxito laboral. ¿Recuerdas el principio de causa y efecto, y el de la siembra y la cosecha? Los hábitos se relacionan también con estos principios. Siembras una acción, y cosechas una reacción. Es así de simple.

Antes de llegar al matrimonio resulta urgente, por lo tanto, que hagas una revisión de tus hábitos personales. Identifica cuáles son buenos y cuáles son malos. Luego empieza a trabajar para reemplazar cada mal hábito por uno bueno. Si ves mucha televisión o estás en línea mucho tiempo al día, cambia por un deporte, un libro o alguna otra cosa productiva. Al principio seguro te costará, pero recuerda que todo aquello que repites durante treinta días, luego pasas a hacerlo de forma automática. Lo irás internalizando de a poco, y así cada vez te será más sencillo, hasta que finalmente se convierta en parte de tu vida.

Ejercítate para ser más agradecido, más cortés, más generoso y más servicial. Que en tu familia, en tu trabajo, tus amigos y familiares, todos te reconozcan por tu responsabilidad y tu buen carácter. De tus hábitos depende en gran medida tu éxito o fracaso en todas las áreas de la vida. ¡Ponte a trabajar en ellos a partir de este mismo instante!

Convérsalo con tu prometido/a, quien de seguro te conoce bien y por lo tanto puede ayudarte a identificar aquellos hábitos que necesites cambiar. Ayúdense el uno a al otro en esta autoevaluación. Háganlo sin peleas, sin prejuicios ni acusaciones, sino con una apertura positiva e intentando buscar soluciones juntos.

Construye un hogar donde tus hijos deseen vivir

La familia es la mayor muestra de amor incondicional en las relaciones interpersonales. En la familia aprendemos a amar por encima de la apariencia, la posición, las diferencias y los logros. Aprendemos a relacionarnos, a madurar nuestras emociones y a resolver problemas. Estamos unidos a nuestra familia con la mente y el corazón.

¿Te has detenido a pensar en cómo deseas que sea tu hogar? ¿Te agrada la idea de que al final de un largo día de trabajo haya personas que ansiosamente aguardan tu llegada a casa? ¿Personas que disfruten de tu compañía, y que anhelen verte para contarte sobre su día, sus aventuras y sus penas? ¿Un hogar donde tú y tu esposo/a puedan ser ustedes mismos, sin fingimiento y sin apariencias, y donde sus hijos puedan crecer de la misma manera? Para conseguir la clase de hogar que sueñas, tienes que construirlo deliberadamente.

A continuación te compartimos una serie de consejos que hemos recibido de diversas maneras: a través del ejemplo de personas que conocemos, de los libros que hemos leído, de las conferencias en las que hemos participado, y de las enseñanzas que recibimos en nuestra iglesia durante nuestra amistad, noviazgo y matrimonio. Todos estos consejos nos han ayudado a construir nuestro hogar y a hacer de él un lugar donde nuestros hijos deseen estar:

1. Que Dios ocupe el primer lugar en tu vida y en la de tu prometido/o. Que él sea su Señor. Hónrenlo con su obediencia y su fidelidad. Ese lugar en sus corazones debe ser solo de él y de nadie más.

2. Comiencen construyendo una relación saludable desde el noviazgo. Una relación en la que el amor, la aceptación, el perdón y la fe en Cristo sean la base y fundamento de su futura familia.

3. Pónganse de acuerdo, desde antes de la boda, en cómo liderarán su hogar, y comprométanse a cimentar cada decisión sobre los principios de la Palabra de Dios.

4. Establezcan el tiempo que compartirán juntos luego de la jornada de trabajo y en los días libres. Que sean prioridad el uno para el otro.

5. Valoren a su familia. No la dejen relegada por trabajo, amigos, u oportunidades. Que luego de Dios, el siguiente lugar lo ocupe tu cónyuge, y después tus hijos.

6. Tengan una mentalidad de equipo, y condúzcanse así por la vida. Sean, junto con Dios, como cordón de tres dobleces que no se rompe. Si van a estar juntos deben confiar el uno en el otro. Que las contiendas, el descrédito, la falta de perdón, el orgullo, las críticas, y las humillaciones no encuentren ninguna fisura por donde entrar para debilitar su relación.

7. Sirvan al Señor, cada uno individualmente, mucho antes de tomar un compromiso. Luego continúen sirviéndolo durante el noviazgo y en su matrimonio, ya sea de manera individual o juntos.

8. Aliéntense el uno al otro. Anima a la persona que está a tu lado a ser mejor cada día. Reconoce sus fortalezas y habilidades, y ayúdala a que alcance sus sueños y responda a su llamado. A veces solo se necesita que alguien crea en ti para poder alcanzar cosas grandes.

9. Bendice a tu cónyuge y a tus hijos con tus palabras. Se amable con lo que dices, y utiliza a menudo las palabras "gracias", "perdón", y "te amo".

10. Cultiva una relación en la que tú y tu pareja sean mejores amigos durante toda la vida.

11. Enfócate en todo lo bueno que tiene tu cónyuge y no en sus debilidades. Recuerda que el amor cubre todas las faltas.

Pon a la familia en primer lugar

Si piensas que la felicidad de un niño se consigue con regalos o dulces, estás muy equivocado. Lo que toda persona recuerda de su infancia y de su adolescencia es el tiempo que compartió con sus padres. Los momentos de juego, las charlas, las comidas compartidas, las enseñanzas, las vacaciones, el tiempo juntos camino a la escuela...

Sin lugar a dudas, ser padres es una gran alegría, un enorme privilegio y también una inmensa responsabilidad. A veces incluso resulta apabullante el pensar que cada actitud, decisión y acción que tomemos tendrá una influencia que marcará el presente y el futuro de nuestros hijos. El reconocido conferencista y autor Charles Swindoll ha plasmado esta realidad con las siguientes palabras: *"Cada día de nuestra vida hacemos depósitos en el banco de memoria de nuestros hijos".*

Muchos niños sufren la ausencia de sus padres a causa del intenso trabajo que estos realizan para mantener un estilo de vida determinado. La mayoría de los padres tienen muchas razones "lógicas" con las cuales argumentar o justificar los motivos de su ausencia en la vida de sus hijos. Sin embargo, más que lujos, regalos, o lindos automóviles, los niños desean desesperadamente compartir tiempo con sus padres y sentirse amados, protegidos y aceptados por ellos. Los hijos no desean dinero, ¡ellos quieren a sus padres!

Una de nuestras películas animadas favoritas es *"UP: una aventura de altura".* Si tú también la viste podrás recordar a Carl Fredricksen, el anciano, y a Russel, el niño explorador. Hay un diálogo corto entre ambos que refleja la realidad de muchos niños de hoy en día. Este niño se sentía frustrado al no poder armar un campamento, y Carl le recomienda que le pida a su padre que le enseñe. A esto, el niño responde: *"Creo que no le gusta que le cuente sobre esas cosas"*. Carl lo anima a que algún día trate de preguntarle, a lo que el pequeño Russel responde: *"Pero nunca está en casa. ¡Casi nunca lo veo!"*. Sin embargo, Carl insiste: *"Tiene que volver de vez en cuando"*. Entonces Russel le responde: *"¡Sí! ¡Lo llamo! Pero Philips opina que lo fastidio demasiado..."*.

En las palabras de Russel vemos claramente la falta de comunicación, el temor, el rechazo y la soledad que este niño siente. ¡Todo lo contrario a lo que un padre y un hogar deberían proporcionarle a un hijo! Y si bien se trata solo de una escena en una película animada, no difiere en nada con la realidad de muchos hogares.

El mundo está lleno de padres -y madres- que trabajan incansablemente, no solo para cubrir los gastos necesarios, sino para tener "un mejor estilo de vida". Muchos padres aseguran que su prioridad son sus familias, pero al momento de decidir entre trabajar o pasar tiempo con ellos, escogen trabajar. Otros padres, cuando consiguen tener tiempo libre, lo dedican a practicar deportes, a compartir con amigos, o a realizar otras actividades. Pueden incluso estar dentro de la misma casa, pero con la mente y el corazón lejos de sus familias. Y de esta forma la vida se les pasa hasta que luego se preguntan en qué momento fue que sus hijos crecieron. Tristemente, entonces, se dan cuenta de que vivieron enfocados en ellos mismos, o en otras personas, y se perdieron la gran oportunidad que la vida les dio de disfrutar de sus hijos.

Posiblemente tú estés determinado a no repetir los errores que cometieron tus padres o las personas que te criaron. Sin embargo, el deseo solo no construye un hogar. Nadie en la vida planea fracasar, pero muchos fracasan por no planear. ¡Y lo peor es que muchos padres no son conscientes de su fracaso hasta que llegan a la vejez!

Entonces, ¿qué puedes hacer para no cometer el error de dejar a tu familia en el segundo, tercero o último lugar en tu vida? ¡Construye tu hogar sobre principios, y comprométete con ellos!

Por empezar, establece **el principio de que la familia es prioridad** como uno de los fundamentos del futuro hogar que construirás. No nos estamos refiriendo a tus padres y hermanos, sino a tu futuro cónyuge y a tus futuros hijos. Esa será tu principal familia a partir de ahora. Una vez que hayas establecido este principio, aprópiate de él e internalízalo en tu corazón. Luego, sé fiel a lo que prometiste. No solo digas con la boca que tu familia es importante; demuéstralo también con tus acciones.

Ten en cuenta lo siguiente:

♦ No te pierdas el cumpleaños de ningún miembro de tu familia.

♦ Haz lo posible por asistir a todas las actividades especiales de tus hijos.

♦ Festeja sus logros, y aliéntalos en sus fracasos. Aparta tiempo para acompañarlos. Generalmente, un helado es bueno para hacer pasar la tristeza. Y un abrazo lo compensa todo para los hijos.

♦ Tómate por lo menos 10 minutos todas las noches para preguntarles cómo les fue durante el día; léeles la Biblia y enséñales principios eternos; finalmente, ora por ellos, y que también ellos oren. Hay muy buenos devocionales que te podrían ayudar en esto.

♦ Sé flexible para realizar cambios en tu agenda. Recuerda que puedes ser reemplazado como empleado o amigo, pero nadie te puede reemplazar como padre o madre.

♦ No subestimes los temores y los desafíos que tiene cada miembro de tu familia. Lo que para ti puede ser pequeño, para ellos representa una gran montaña por escalar. El solo hecho de que les prestes atención les dará confianza y seguridad.

El otro principio que debes poner como base para construir tu hogar es **el principio del amor** que vimos anteriormente, el cual, recuerda, debe ser incondicional. En ese sentido:

♦ Elógialos con palabras como *"¡Bien hecho!"*, aunque su trabajo no tenga la calidad que te gustaría ver. Si valoras su esfuerzo o sus primeros pasos, esto los ayudará a mejorar en el futuro. Dile a tu hijo *"Eres muy inteligente"*, aunque no logre tener la máxima nota en la escuela. Después de todo, la inteligencia no se mide con números. Alienta a tu hija diciéndole *"Eres muy buena hermana"*, aunque en ocasiones lo dudes. Esto le indicará lo que esperas de ella, y entonces se esforzará más por alcanzarlo.

◆ Nunca les hables con palabras negativas, como *"Eres un tonto"*, *"Nunca haces nada bien"*, u otras frases que seguramente te son familiares porque tus padres te las repetían constantemente. Como diría nuestra hija mayor, recordando lo que la Biblia enseña: *"Toda palabra tiene poder de levantar o destruir"*.

◆ Permite lugar para las equivocaciones de tus hijos. Incluye el perdón dentro de las prácticas de la familia. Donde hay perdón siempre se encuentra misericordia, gracia, sanidad y restauración. Tus hijos de seguro fallarán alguna vez, e incluso en ocasiones te avergonzarán y te harán enojar. Aun así, que encuentren perdón en ti, que no es más que otra muestra de amor.

El principio de la responsabilidad es otra de las bases sobre la cual deben construir su hogar. El cuidado de sus hijos es responsabilidad de ustedes. Dios les confiará a sus futuros hijos, quienes tienen propósitos divinos, para que los cuiden y los ayuden a desarrollar el potencial que él colocó en ellos. Aunque veas que muchos padres optan por niñeras o guarderías, nada ni nadie puede reemplazarte. Que el número de horas que los dejas con otras personas sea el mínimo necesario. Considera, además, lo siguiente:

◆ Sé cuidadoso y prudente el día que tengas hijos, para que ellos vivan sus vidas a tu lado, y no al margen. Que no crezcan sin haber profundizado la relación con sus padres. En determinado momento podrías llegar a sentir que no conoces a tus propios hijos. Y, posiblemente, cuando te des cuenta ya los habrás perdido.

◆ Háblales siempre palabras que edifiquen. Es responsabilidad de los padres edificar la vida de sus hijos para el desarrollo efectivo de su autoestima y de su potencial.

◆ Concéntrate en los dones y habilidades de tus hijos, y no en sus fallas. En ocasiones no arreglarán su cuarto, no estudiarán como deberían hacerlo, y no sacarán la basura, pero eso no los descalifica como personas valiosas.

El principio de la fe es otro principio sobre el que debes construir tu hogar. La misión más importante que los padres tienen es que sus hijos conozcan a Jesús y lo pongan como el fundamento de sus vidas. Recuerden que cuando enseñamos la palabra de Dios a nuestros hijos, esta tiene el poder de transformarlos. Así lo asegura el Señor en Isaías 55.11: *"...así es también la palabra que sale de mi boca: No volverá a mí vacía, sino que hará lo que yo deseo, y cumplirá con mis propósitos".*

Los padres somos sembradores. Nuestro trabajo es sembrar la semilla de la fe en nuestros hijos y cuidarla para que pueda crecer sana. Este trabajo incluye también ayudarlos a tener una relación ferviente e íntima con Dios.

En este sentido, tu ejemplo de fe y compromiso con Dios es el mayor legado que puedes dejarles a tus hijos. Jesús afirmó: *"Ciertamente les aseguro que el hijo no puede hacer nada por su propia cuenta, sino solamente lo que ve que su padre hace, porque cualquier cosa que hace el padre, la hace también el hijo"* (Juan 5.19). ¡De seguro tus hijos amarán y servirán a Dios si tu vida los inspira!

Ahora revisen una vez más la visión familiar que escribieron juntos. Si no habían incluido estos principios, es hora de hacerlo en este momento. Luego, todo lo que deberán hacer es mantenerse enfocados en su visión familiar. Recuerden que esa será la brújula que les guiará en el camino para construir un hogar como el que siempre soñaron.

Aférrate a las promesas de Dios

En las últimas décadas, la ausencia de principios y valores absolutos ha dado lugar al desenfreno y a la falsa noción de que el bien y el mal son relativos. Esto sucede tanto en la sociedad en general, como en los hogares. El mundo ha cambiado. Tu niñez fue totalmente diferente a la de los niños de hoy. Y es que ya nada es igual a lo que conocimos.

La exposición, cada vez a más temprana edad, a la pornografía, los vicios, las malas amistades, la violencia, el odio, la depravación y tantas otras cosas, ha determinado ciertas conductas en las nuevas generaciones que nuestros padres y abuelos ni en sus peores pesadillas hubieran imaginado. Hoy los niños son parte de la realidad de un mundo que parece caer en picada.

A pesar de todo esto, Dios tiene siempre un plan para cada generación, y ese plan tiene un nombre: Familia. Así fue desde el principio. ¿Crees que las cosas lo toman desprevenido? Muy por el contrario, Dios conoce los tiempos, y por eso fue trabajando generación a generación. A Abraham le dijo que, porque lo obedeció, todas las naciones serían benditas por medio de su descendencia (Génesis 22.18). Esta misma promesa es la que te sigue a ti y a tu cónyuge si son fieles a él, y si le obedecen poniendo como fundamento los principios de su Palabra. ¿No es maravilloso que junto a tu pareja estén a punto de embarcarse en este viaje de toda la vida, en el cual Dios ha prometido bendecirles y acompañarles con promesas que les darán guía y esperanza en medio de oscuridad en la que vivimos?

Sin embargo, tú y tu futuro cónyuge deben ser conscientes de que, a medida que avancen los tiempos, vendrán más y más cambios en la cultura que pueden representar serios peligros para sus hijos. Por ello, necesitan tener estrategias para forjar en sus hijos el diseño de Dios para el futuro, y para evitar que los absorba esa cultura destructiva que los rodeará.

Si piensas que no hay un manual que te diga cómo lograr que tu vida y tu familia sean felices, ¡déjanos decirte que sí lo hay! Dios se encargó de dejarnos un manual para la vida: la Biblia. En ella puedes encontrar gran cantidad de promesas de Dios sobre temas relacionados con el amor, la familia, la amistad y otros temas cruciales. De tapa a tapa, la Biblia está colmada de promesas y principios para ustedes y para sus hijos. En ella hay más de 3500 promesas de Dios, y cada una de ellas puede llevarles a descubrir los pensamientos y deseos de Dios para su vida y para la familia que van a formar.

A continuación les compartimos solo algunas, desafiándolos a encontrar más y más a medida leen la Palabra de Dios cada día...

Promesa de prosperidad:

"Dichosos todos los que temen al Señor, los que van por sus caminos. Lo que ganes con tus manos, eso comerás; gozarás de dicha y prosperidad. En el seno de tu hogar, tu esposa será como vid llena de uvas; alrededor de tu mesa, tus hijos serán como vástagos de olivo. Tales son las bendiciones de los que temen al Señor." (Salmos 128.1-4)

Promesa de bendición sobre tu vida y la de tus hijos:

"Que el Señor multiplique la descendencia de ustedes y de sus hijos." (Salmos 115.14)

Promesa de sanidad:

"Pero yo te restauraré y sanaré tus heridas..." (Jeremías 30.17)

Promesa de librarnos de todos los temores:

"Busqué al Señor, y él me respondió; me libró de todos mis temores." (Salmos 34.4)

Promesa de salvación para nuestros hijos:

"Sí, al guerrero se le arrebatará el cautivo, y del tirano se rescatará el botín; contenderé con los que contiendan contigo, y yo mismo salvaré a tus hijos." (Isaías 49.25)

Promesa de paz:

"Al de carácter firme lo guardarás en perfecta paz, porque en ti confía." (Isaías 26.3)

Promesa de llenura del Espíritu Santo:

"Pues, si ustedes, aun siendo malos, saben dar cosas buenas a sus hijos, ¡cuánto más el Padre celestial dará el Espíritu Santo a quienes se lo pidan!" (Lucas 11.13)

Promesa de hacer posible lo imposible:

"Lo que es imposible para los hombres es posible para Dios..." (Lucas 18.27)

Promesa de perdón:

"Si confesamos nuestros pecados, Dios, que es fiel y justo, nos los perdonará y nos limpiará de toda maldad." (1 Juan 1.9)

Promesa de provisión:

"Así que mi Dios les proveerá de todo lo que necesiten, conforme a las gloriosas riquezas que tiene en Cristo Jesús." (Filipenses 4.19)

Promesa de salvación para tu familia:

"Cree en el Señor Jesús; así tú y tu familia serán salvos..." (Hechos 16.31)

Promesa de sabiduría:

"Si a alguno de ustedes le falta sabiduría, pídasela a Dios, y él se la dará, pues Dios da a todos generosamente sin menospreciar a nadie." (Santiago 1.5)

Promesa de vida eterna:

"Él les enjugará toda lágrima de los ojos. Ya no habrá muerte, ni llanto, ni lamento ni dolor, porque las primeras cosas han dejado de existir." (Apocalipsis 21.4)

"El cielo y la tierra pasarán, pero mis palabras jamás pasarán." (Mateo 24.35)

Ora por tu familia y por tus futuros hijos

Ustedes no pueden ser padres que permitan que la cultura forme a sus hijos. El llamado urgente de Dios es que sean padres que se paren firmes en la lucha por sus familias. Que sean padres que oren y utilicen todas las herramientas espirituales que estén a su alcance para convertirse en las personas más influyentes en su hogar. Padres que se esfuercen por educar a sus hijos de manera tal que ellos puedan vivir el propósito de Dios en su generación.

Dios conformó el mejor equipo para cumplir su propósito: ¡*tu matrimonio!* Cuando te casas, ingresas a una nueva etapa del propósito de Dios para ti. Y no hay fuerza del enemigo que pueda contrarrestar lo que Dios quiere hacer con ustedes y a través de sus vidas. Lo que sí marca la diferencia en la pareja y en la familia, son los hábitos espirituales, como la oración, la lectura de la Palabra y la búsqueda de ayuda y dirección de Dios.

El problema es que a veces sentimos que la barra está demasiado alta. Que no calificamos como personas que tengan autoridad moral como para orar por su cónyuge y por sus futuros hijos. Algunos incluso piensan que aunque se esfuercen y pongan todo su empeño, no lo lograrán. Se reprochan el no ser mejores personas o los esposos perfectos, ¡pero es que tal cosa no existe! No hay pareja perfecta ni padres perfectos. Pero orar es algo que todos podemos hacer.

La invitación de Dios es a que oremos en todo tiempo. Sin palabras rebuscadas, sin tratar de impresionar, sino simplemente con palabras que salgan de un corazón sincero y humilde. ¡Es tan sencillo orar, que hasta el más pequeño de los niños lo puede hacer!

En una oportunidad, cuando nuestra hija mayor sintió dolor de cabeza, la más pequeña, que en aquel entonces tenía como unos tres años, nos invitó a orar por ella. Sus palabras fueron sencillas pero poderosas, porque confiaba en el poder que hay en Dios. Ella solo dijo: *"Señor, gracias por sanar a Gianni. En el nombre de Jesús, Amén".* ¡Definitivamente Dios nos recordó a través de ella, que nuestro primer recurso no deberían ser las medicinas ni los doctores, sino la oración! En ocasiones intentamos primero solucionar las cosas con los recursos naturales, y cuando todo falla, recién ahí utilizamos los recursos espirituales... Pero nuestra pequeña hijita sabía hacerlo mejor.

Recuerden que pueden orar todo el tiempo. *"Estén siempre alegres, oren sin cesar, den gracias a Dios en toda situación..."*, dice 1 Tesalonicenses 5.17. Pueden orar por sus vidas, por su cónyuge, y, aunque no sean padres todavía, pueden orar desde ahora por los hijos que algún día tendrán. ¿Ya han orado hoy por su futura familia? ¿Han intercedido el uno por el otro, pidiendo sabiduría para las decisiones que les toca enfrentar hoy, y para las que tendrán que enfrentar en el futuro? ¿Han pedido sabiduría de Dios para la crianza de sus hijos?

En su libro *"El poder de los padres que oran"*, Stormie Omartian nos dice:

> La oración es mucho más que solo entregar una lista de deseos a Dios. Orar es reconocer y experimentar la presencia de Dios e involucrarle en nuestras vidas y circunstancias. Es buscar esa presencia y liberar su poder, lo que nos brinda los medios para vencer cualquier problema. Cuando oramos dejamos que Él obre a través de nuestra impotencia. Cuando oramos, nos humillamos a nosotros mismos delante de Dios y decimos: *"Necesito tu presencia y tu poder, Señor. No puedo hacer esto sin ti".* Si no oramos es como decir que somos más que suficientes para enfrentar situaciones y que no necesitamos a Dios.

Tómense unos instantes ahora. Este es un buen momento para cerrar el libro por unos minutos y hacer una oración pidiendo a Dios su guía para ustedes como futuros esposos y como padres.

Prepárate para cuando lleguen los hijos

Tú y tu futuro cónyuge no pudieron elegir a sus padres, pero sí pueden elegir qué tipo de padres quieren ser. No pueden elegir cuando nacerán sus hijos, pero sí pueden elegir la forma en que los criarán. Nuestros hijos nos dan la brillante oportunidad de ser los padres que siempre quisimos tener... ¡esa es una gran noticia!

Sin embargo, esta noticia viene junto con una advertencia: No puedes esconderte detrás de la excusa que muchos utilizan, cuando dicen: *"Lo que yo no recibí, no lo puedo dar"*. Puede que haya muchas cosas que tus padres no pudieron darte, o quizás atravesaste situaciones que hubieras deseado no haber atravesado. Incluso es posible que, ante la falta de un buen modelo de papá y/o mamá, pudieras experimentar temor de tener hijos. Si alguno de estos es tu caso, ¡no te desanimes! Lo que no recibiste de tus padres biológicos, sí lo puedes recibir de Dios. ¡Tú puedes ser un buen padre, o una buena madre! Puedes aprender de tu pasado para no repetirlo, y puedes recibir de Dios la guía necesaria para tomar buenas decisiones en el futuro. ¡Él te ayudará a ser el mejor padre, o la mejor madre, para tus hijos!

Nosotros tenemos casi veinte años de casados. Somos padres de dos hijas preciosas. Compartimos nuestra fe con ellas, y vamos cada noche a su habitación para leerles la Biblia, orar y adorar a Dios junto a ellas. Experimentamos tiempos increíbles, abrazos inolvidables, y momentos únicos en familia. Y servimos todos juntos a Dios. Puede que todo esto no haya sido lo que nos tocó vivir de pequeños. Pero hemos decidido no escondernos detrás de las excusas. Nos propusimos ser autodidactas, y aprender a través de libros, conferencias y matrimonios de nuestra comunidad de fe, que nos mostraron cómo Dios es fiel en cumplir los propósitos que tiene cuando elegimos sus caminos. Antes de casarnos tomamos la decisión de que juntos, y de la mano de Dios, escribiríamos una nueva historia para nosotros y para nuestra descendencia. Y lo estamos haciendo.

Si ambos tienen a Jesús en sus corazones, y si piden a Dios sabiduría e intentan vivir conforme a su palabra, con perseverancia, creyendo y entendiendo que él es un Padre bueno que los ama, entonces van a vivir la emocionante aventura de ver sus promesas cumplidas en su matrimonio y en su familia. Dios no miente. No abandona a sus hijos. No se ausenta. No da excusas. ¡Él es fiel!

Conclusión

La Aventura
les
AGUARDA

Después de tu relación con Dios, no hay nada más importante que tu matrimonio. Pronto estás por embarcarte en esta emocionante travesía que durará toda la vida. El viaje, desde el día en que den el "sí" en el altar, estará cargado de emotividad, romance y aventura. Cada día, cada mes, cada año, cada temporada, tendrán la oportunidad de elegir disfrutar a plenitud este regalo de Dios llamado matrimonio.

Pueden elegir hacer las cosas a su modo, o a la manera de Dios. Es nuestro deseo y oración que cada día puedan decidir honrar a Dios con sus vidas, con su matrimonio y con la familia que formarán juntos. Pero eso dependerá de que puedan ir evaluando cada situación y tomando decisiones para mantener el rumbo correcto como pareja.

Hace algunos años escribí (Paolo) esta historia en unos de mis libros, titulado: *"Desafía al futuro"*. Estábamos en un vuelo desde Los Ángeles a Santiago de Chile. El piloto acababa de anunciar que nos esperaban aproximadamente 13 horas de vuelo. Luego, en Chile, yo tenía que subir a otro vuelo que me llevaría hasta Asunción (Paraguay), que es donde vivo. Mientras el avión iba tomando la altura indicada, yo pensaba en el trabajo que tendría el piloto durante todas esas horas que estaríamos en el aire. Luego no pude evitar pensar en la analogía entre ese trabajo y el de poder llevar nuestro matrimonio hasta el destino deseado...

Esta historia me trajo a la memoria una de las metáforas favoritas de Leo Alcalá sobre el vuelo de un avión entre dos puntos[1]. Él lo plasma de la siguiente manera:

> ¿Sabías que un avión, una vez que despega y hasta que aterriza, va a pasar 95% del tiempo fuera de rumbo? El piloto, antes

---

1   Tomado de la página http://pasionenaccion.com/salirte-del-camino-y-llegar-a-tu-destino, visitada el 20 de marzo de 2017.

de salir, prepara el vuelo y define un plan con la intención de desplazarse de manera óptima entre origen y destino.

El plan de vuelo marca con precisión una ruta aérea a seguir. Pero es sólo eso, una expectativa. La realidad del proceso es otra. Desde que el avión despega, digamos que de la ciudad de Caracas, hasta que aterriza en Miami, por ejemplo, el piloto va a encontrar que se desvía constantemente del camino ideal que se ha propuesto.

Resulta que viene un viento que no se había previsto y éste empuja a la nave. El avión comienza a desviarse de la línea recta virtualmente trazada en el aire. Unos kilómetros más adelante, un cambio de presión atmosférica induce otras variaciones en la trayectoria. Así y constantemente durante el trayecto del vuelo, el avión se mueve y se sale de curso.

¿Cómo es que una nave que pasa el 95% del tiempo fuera de curso logra aterrizar, tres horas después en nuestro ejemplo, exactamente en el destino que había determinado?

¿Qué le permite al avión "dar en el blanco" aun cuando no logra mantenerse por mucho tiempo en su línea de vuelo?

Una de las claves: *corregir*. Constantemente el piloto, o la computadora de vuelo, están corrigiendo el curso. Pero ¿qué les permite corregir? No puedes hacer nada ante lo que no eres consciente. Sólo puedes enderezar aquello que te das cuenta que está desviado.

Pero la toma de consciencia es el resultado de un proceso de pensamiento previo: la evaluación entre el plan y los hechos.

Volvamos al avión. Recapitulemos el proceso. El piloto diseña su plan de vuelo. El avión despega y prontamente comienza a desviarse por impredecibles situaciones. Rápidamente el piloto, o su computadora, se dan cuenta de la desviación, gracias a que con cierta frecuencia están comparando el plan con la trayectoria real. Inmediatamente se hace la corrección para re-incorporar la nave a la ruta ideal. Ese proceso se repite cientos o miles de veces hasta que se aterriza justo donde se quería.

El proceso incluye:

- Clarificar el destino al que se desea llegar y planificar la mejor ruta para alcanzarlo.

- Comenzar a ejecutar el plan.

- Evaluar constantemente para detectar desviaciones.

- Corregir de inmediato.

- Seguir ejecutando el plan.

- Perseverar con la evaluación, corrección y ejecución del plan hasta alcanzar el destino.

De aquí podemos puntualizar varias claves:

Las desviaciones se anticipan. Son esperadas y aceptadas como parte natural del proceso. Por esto mismo, la evaluación es continua y frecuente. Por ejemplo: te fijaste una meta a final de año (típicas de esa época son las frases "En enero comienzo…", "En enero dejo…", "En enero arranco…"), pero ¿cuándo es que vuelves a revisar si lo has logrado o no? ¡El próximo diciembre! Ya se fue un año. La desviación es ya demasiado grande. Lo que te queda es volver a incluir la meta en el plan para el próximo calendario.

Imagina si, en vez de evaluar una vez al año, te tomas el tiempo para reflexionar sobre tu desempeño, tu acercamiento o dis-tanciamiento a tus objetivos una vez al mes. Logras multiplicar por doce las probabilidades de tu éxito. ¿Y si emprendes el hábito de revisarte una vez a la semana? ¡Ahora tienes 52 veces más chance de alcanzar tu destino!

No sé si te habrás dado cuenta de lo siguiente. La metáfora del avión incluye, para mí, una extraordinaria y liberadora noticia:

Para lograr el éxito no hace falta que seas perfecto. Tu éxito lo que requiere de ti es que te adueñes del proceso de logro con consciencia y constancia.

¿Cómo salirte del camino y aun así llegar a tu destino? Evaluando y corrigiendo continuamente. No dejando tu éxito a la suerte, sino adueñándote del proceso que implica estar encima de tu desempeño. Sin juicio. Aceptando el error, la desviación y el encuentro con lo inesperado, pero haciéndote responsable por lo que te toca: perseverar con inteligencia hasta triunfar.

Esta metáfora es genial porque puede aplicarse a muchas situaciones diferentes en la vida. Tal vez empezaste un noviazgo sin estar convencido de si realmente estás enamorado... Ahora ya pasaron los meses y estás muy involucrado, pero tus dudas en cuanto a tus sentimientos se han incrementado. Tu prometida está muy ilusionada y con planes de casarse, y tú no sabes cómo hacer para dejarle ver que no ocurre lo mismo contigo. ¡Todavía estás a tiempo de corregir el rumbo de tu vida! Puedes poner todas las cartas sobre la mesa, distanciarte por un tiempo, o buscar ayuda de algún adulto, líder o amigo, que sea un ejemplo de vida para ti y que te ayude a reencauzar tu vida hacia los sueños que tienes.

O tal vez eres alguien a quien le gusta compartir y pasar buenos momentos con tu novio o con tu novia, pero últimamente te has envuelto en situaciones en las que alguna vez juraste no involucrarte, para no exponerte sexualmente. Hoy sabes que esto está poniendo en riesgo no solamente tu integridad física, sino que también la esencia de tus sueños de juventud. Parece que te desviaste totalmente de tu mapa de ruta inicial, ¡pero todavía se puede corregir! Tienes que tener el valor de cortar con aquello que está robando las bendiciones de Dios para ti y para tu pareja. Deshazte de todo aquello que te lleva a salirte de los lineamientos de Dios, busca ayuda, encuentra alguien con quien hablar y que pueda aconsejarte y acompañarte en los momentos críticos. ¡Recupera el timón de tu vida! Nadie más que tú puede hacer esto. Ahora es el momento de corregir el rumbo.

Nada está perdido. Sea lo que sea que te haya desviado del camino, puedes darte una oportunidad más. No importa siquiera si durante años has vivido lejos de lo que Dios quiere para ti. Solo se necesita una decisión para reencauzar tu rumbo.

¿Te vas a equivocar? Seguro que sí. ¿Algunas cosas no saldrán como esperabas? Dalo por hecho. Entonces, ¿qué harás al respecto? ¿Abandonarás todo a mitad de camino? ¿Postergarás tus anhelos hasta encontrar el escenario ideal para plasmarlos? ¿Dejarás escapar las oportunidades de volver al rumbo que habías trazado para tu vida a causa del temor al qué dirán o a las críticas? ¿Qué harás hoy para corregir tu vida y encaminar tu futuro matrimonio hacia el destino trazado por ambos?

No esperes que todo juegue a tu favor. Simplemente continúa haciendo lo correcto. Lucha, persevera, haz los ajustes y correcciones necesarios, y no bajes nunca los brazos.

Recuerda que cuando todo parece derrumbarse y sientes que todos te abandonan, hay alguien que no se va y que permanece a tu lado. Es aquel que abrazó a los que nadie quería abrazar. Aquel que buscó a aquellos a quienes todos querían evitar. Aquel que perdonó a aquellos a quienes todos querían condenar. Y los cubrió con su amor, y los abrazó con su gracia...

Aunque pienses que te has desviado demasiado de sus planes, nunca es tarde para reencauzar tu vida. Aunque creas que lo echaste todo a perder y que hasta Dios se ha olvidado de ti, una decisión, una oración, un paso en la dirección correcta puede cambiarlo todo. El cielo entero está pendiente de lo que decidas hacer.

Aunque ocurrió hace mucho tiempo, el mensaje de la historia de Jesús y la mujer samaritana es claro y contundente. El evangelio de Juan, capítulo 4, narra la historia de Jesús abriéndose paso camino a Samaria. Jesús rumbo al lugar que todos querían evitar. Jesús buscando a alguien a quien todos elegirían ignorar. ¿Notaste que en el versículo 4 dice que a Jesús *"le era necesario pasar por Samaria"*? Tan claro como el sol del mediodía en el desierto, esas palabras nos revelan lo que el corazón de Jesús quería decirle a la mujer samaritana: *"No solo vine desde Jerusalén, sin evitar Samaria, para encontrarme contigo. Mi viaje fue mucho más largo. Fue necesario que deje el Cielo para venir a decirte que no todo está perdido. ¡Aun puedes retomar el rumbo!* ¡Conozco tus errores y tus fracasos! ¡Y vine hasta aquí para decirte que aun puedes alcanzar el *destino que Dios planeó para ti!*

La invitación es la misma hoy para ti. Puedes dejar el pasado atrás. Puedes volver a empezar. Puedes corregir tus errores a medida que avanzas por la vida. Recuerda: a fin de cuentas, lo más importante al final del camino es recibir la aprobación y el abrazo de aquel a quien has rendido tu vida. Tal como lo dijo B.J. Hoff: *"No importa si el mundo oyó, aprobó o entendió... el único aplauso que anhelamos es el de dos manos perforadas por clavos".*

Este libro puede ser el comienzo de un maravilloso viaje de toda la vida. Un viaje lleno de sorpresas y regalos de Dios. Y aunque la travesía pueda tener tramos complicados que requieran mucha valentía y esfuerzo, en cada experiencia encontrarán una nueva oportunidad de experimentar la gracia, la provisión y la presencia de Dios a su lado.

Al terminar la lectura, no lo guarden en algún cajón o estante. Tomen este libro como un mapa de ruta. Léanlo, márquenlo y vuélvanlo a leer. Repasen aquello que subrayaron. Y recuerden que muchos de los principios y enseñanzas de este libro requieren de tiempo y paciencia para ponerlos en práctica. Pero vale la pena el esfuerzo, porque ellos tendrán el potencial de ayudarles a atravesar los obstáculos, a aprender de los errores, a superar las dificultades, a reencauzar el rumbo y a alcanzar todo aquello que se propusieron juntos.

Queremos concluir el libro compartiendo nuevamente algunos comentarios sobre la película "UP". Esta vez tienen que ver con la increíble historia de amor de Carl y Ellie.

La película logra resumir en casi cinco minutos una historia de amor que va desde la alegría de la boda hasta un final inesperado, pero dejándonos una serie de lecciones sobre el amor, la vida, y el matrimonio.

En una magnífica sucesión de escenas sin palabras, tan solo con una increíble banda sonora de fondo, vemos las imágenes que comienzan con la boda, y que avanzan a través de una serie historias cotidianas hasta llegar al triste final con una separación, cuando Ellie se le adelanta a Carl en el camino a la eternidad.

Lo que queda más que claro es que Carl y Ellie disfrutan de su historia de amor. De la convivencia diaria. Los paseos en el parque. El descansar y soñar bajo un árbol. Los pequeños emprendimientos. Aunque no se ven grandes lujos en las imágenes, ellos parecen tener todo lo que necesitan. ¡Se tienen a ellos mismos, y un caudal de sueños e ilusiones, pero eso es suficiente!

Vemos también cómo empiezan a trabajar y a ahorrar para cumplir sus metas. Y cómo los problemas cotidianos y diversas variables los llevan a usar sus ahorros, postergar sus metas, y volver a empezar de cero, una y otra vez. Pero todo parece llevadero porque lo hacen juntos.

Pronto la historia va adquiriendo un tono más fuerte de dramatismo. La realidad los golpea con la pérdida de su bebé antes de nacer. Ambos lo sufren, pero lo hacen juntos. Y esta situación adversa y dolorosa los lleva a estar más unidos que nunca.

Así siguen pasando las escenas con un común denominador: No hay palabras, pero sí gestos de amor. Escena tras escena los puedes ver, siempre juntos. Brindándose ánimo y tratando de salir adelante. ¡Siempre juntos!

Esta es exactamente la enseñanza que queremos resaltar al terminar este libro. Creemos que este es el secreto para salir adelante. Y no solo en las películas, sino también en la vida real. Esto es lo que los llevará a disfrutar cada momento del viaje: las palabras, las acciones y las decisiones que tomen de *permanecer* al lado de su pareja a lo largo de la travesía.

Cuando las cosas vayan bien y en tiempos de alegría, pero también cuando la realidad los golpee y la vida resulte dolorosa. ¡Permanezcan siempre juntos! Y cuando el tiempo pase y alguno se adelante hacia la

eternidad, que puedan mirar hacia atrás y descubrir que la gran aventura fue estar unidos, compartiendo su amor.

Felicitaciones por el paso que están a punto de dar... Están a punto de embarcarse en el viaje de sus vidas... ¡Un futuro hermoso y lleno de aventuras les aguarda!

Busca la **GUÍA DEL LIDER**
en **www.e625.com/premium**

zona de contenido
PREMIUM
SUSCRIPCIÓN POR IGLESIAS

Bibliografía

Burns, J. (2010) *Educación sexual sana para tus hijos*, Vida.

Burns, J. y Fields, D. (2015) *Cómo prepararse para el matrimonio*, Patmos.

Covey, S. (2006) *Las 6 decisiones más importantes de tu vida*, Grijalbo.

Covey, S. R. (2010) *Los 7 hábitos de las familias altamente efectivas*, Golden Book Publishing.

Empson, L. y Hammond Hagberg, A. (2008) *100 respuestas a 100 preguntas antes que diga "lo prometo"*, Casa Creación.

Gebel, D. (2016) *El amor en los tiempos de Facebook*, Harper Collins.

Goleman, D. (2001) *Inteligencia emocional*, Kairos.

Lacota, P. (2012) *Desafía al futuro*, Vida.

Lucado, M. (2011) *Max habla sobre su vida*, Grupo Nelson.

Matthews, A. (2001) *Sé un adolescente feliz*, Alamah.

Matthews, A. (2008) *Escucha tu corazón*, Alamah.

Maxwell, J.C. (2005) *Cómo ganarse a la gente*, Grupo Nelson.

Omartian, S. (2007) *El poder de los padres que oran*, Unilit.

Ortiz, G. y D. (2012) *El amor de mi vida ¿quién será?*, Certeza Argentina / L.A.GR.AM.

Panasiuk, A. (2016) *Finanzas inteligentes para una nueva generación*, Vida.

Porras, S. (2010) *Amor, sexo y noviazgo*, Grupo Nelson.

Stamateas, B. (2007) *Resultados extraordinarios*, Vergara.

Stamateas, B. (2010) *Fracasos exitosos*, Zeta.

Trent, J., Osborne, R. y Bruner K. (2003) *Guía para el crecimiento espiritual de sus hijos*, Mundo Hispano.

ALGUNAS PREGUNTAS QUE DEBES RESPONDER:

¿QUIÉN ESTÁ DETRÁS DE ESTE LIBRO?

Especialidades 625 es un equipo de pastores y siervos de distintos países, distintas denominaciones, distintos tamaños y estilos de iglesia que amamos a Cristo y a las nuevas generaciones.

e625.com

¿DE QUÉ SE TRATA E625.COM?

Nuestra pasión es ayudar a las familias y a las iglesias en Iberoamérica a encontrar buenos materiales y recursos para el discipulado de las nuevas generaciones y por eso nuestra página web sirve a padres, pastores, maestros y líderes en general los 365 días del año a través de **www.e625.com** con recursos gratis.

zona de contenido
PREMIUM

¿QUÉ ES EL SERVICIO PREMIUM?

Además de reflexiones y materiales cortos gratis, tenemos un servicio de lecciones, series, investigaciones, libros online y recursos audiovisuales para facilitar tu tarea. Tu iglesia puede acceder con una suscripción mensual a este servicio por congregación que les permite a todos los líderes de una iglesia local, descargar materiales para compartir en equipo y hacer las copias necesarias que encuentren pertinentes para las distintas actividades de la congregación o sus familias.

¿PUEDO EQUIPARME CON USTEDES?

Sería un privilegio ayudarte y con ese objetivo existen nuestros eventos y nuestras posibilidades de educación formal. Visita **www.e625.com/Eventos** para enterarte de nuestros seminarios y convocatorias e ingresa a **www.institutoE625.com** para conocer los cursos online que ofrece el Instituto E 6.25

¿QUIERES ACTUALIZACIÓN CONTINUA?

Regístrate ya mismo a los updates de **e625.com** según sea tu arena de trabajo: Niños- Preadolescentes- Adolescentes- Jóvenes.

¡APRENDAMOS JUNTOS!

e625.com

f 🐦 📷 ▶ /e625COM

INSTITUTO **e625**

Educación online
www.institutoe625.com

Libros Online

e625 **Escuela** de **Liderazgo**
GENERACIONAL Y COACHING

Revista **Líder 625**

CONOCÉ TU NUEVO CAMPUS ONLINE
www.institutoE625.com

Tienda con envíos internacionales

Suscripción de **materiales premium** para iglesias

www.e625.com te ofrece **recursos gratis**

Eventos de **actualización** ministerial

Chat en tiempo real

Seminarios para iglesias locales

E625 te ayuda todo el año